읽고 묵상하는 성경 공부 시리즈 **믿음의 나무 1**
믿음의 씨앗 교실 1권

말씀의빛

읽고 묵상하는 성경 공부 시리즈 믿음의 나무 1
믿음의 씨앗 교실 1권

지은이/김연수
펴낸이/김하정
펴낸곳/말씀의빛
편집책임/김지훈
디자인/김지훈
출판신고/2025년 11월 24일 제2025-000008호
초판 1쇄 인쇄/2026년 1월 6일
초판 1쇄 발행/2026년 1월 15일

주소/인천 동구 화도진로187 만석비치타운 110동 1204호
전화/010-6323-2067
ISBN 979-11-996090-0-6

성경 공부 시리즈 「믿음의 나무」를 발간하면서

성경 공부 시리즈 「믿음의 나무」는 농부가 옥토를 찾아 '씨앗'을 심은 후에 '뿌리'를 내리고 '가지'를 뻗고 나서 '열매'를 맺듯이, 신앙의 기초에서 시작해서 성장을 거쳐 삶 속에서 믿음을 실천하도록 돕는 것을 목적으로 제작한 성경 공부 교재입니다. 필자는 목사 안수를 받은 후 교회 현장에서 16년의 목회 경험과 장년 성경 공부 10여 년의 인도 경험을 바탕으로, 말씀을 사랑하지만 어디서부터 시작해야 할지 몰라 머뭇거리는 성도들을 돕고자 이 시리즈를 집필하였습니다. 신앙 성숙의 원리를 구체적인 상황과 연결함으로써 '말씀을 아는 성도'에서 '말씀을 살아내는 제자'로 성장하도록 이끌고자 했습니다. 이 시리즈의 교재들을 배우고 익히면서 한 걸음씩 말씀을 따라가다 보면, 씨앗이 심겨지고 뿌리를 내리며, 가지를 풍성하게 뻗어서 아름다운 열매를 맺는 신앙 성장의 은혜를 누리게 될 것입니다. 본서에 인용된 모든 성경 구절은 「개역개정」을 따릅니다.

성경 공부 시리즈 「믿음의 나무」를 아래와 같이 구성했습니다. 본 교재는 1단계 : 「믿음의 씨앗 교실 Ⅰ권」입니다.

- 1단계 : 「믿음의 씨앗 교실 Ⅰ권」
  「믿음의 씨앗 교실 Ⅱ권」

- 2단계 : 「믿음의 뿌리 교실 Ⅰ권」
  「믿음의 뿌리 교실 Ⅱ권」

- 3단계 : 「믿음의 가지 교실 Ⅰ권」
  「믿음의 가지 교실 Ⅱ권」

• 4단계 : 『믿음의 열매 교실 Ⅰ권』
　　　　『믿음의 열매 교실 Ⅱ권』

　본 시리즈의 각 교재들은 '단계적 연속성'을 지닙니다. 따라서 1단계 Ⅰ권부터 4단계 Ⅱ권까지 여덟 권을 차례대로 공부하면 좋겠지만, 그렇다고 해서 반드시 순서를 따를 필요는 없습니다. 어느 단계의 교재이든지 마음이 가는 것을 골라서 하나님 말씀을 배우고 묵상하면서 순종으로 이어 가겠다는 마음이면 충분합니다.

　필자는 본 시리즈의 교재들을 우선적으로 개인이 하루에 한 과씩 정독하고 묵상하면서 공부하도록 설계하였습니다. 교재의 내용들을 연속으로 읽어 내려가기보다는, 조용한 장소를 찾아서 하루에 한 과씩 내용을 읽고 묵상하신 후에 마지막 단락에 있는 "성경 공부를 통해서 얻은 통찰 메모하기"로 마무리하시길 권합니다. 아울러 본 교재는 소그룹 나눔과 강의식 성경 공부에도 무리 없이 활용할 수 있도록 내용이 구성되어 있습니다. 개인 학습으로 다져진 통찰을 공동체와 함께 나누되, 리더의 강의와 토론을 통해 이해를 확장하고 교재에 있는 여러 나눔의 내용들을 소그룹 안에서 나누실 것을 권합니다. 이러한 나눔과 피드백의 선순환이 배움이 생활의 습관으로 이어지도록 도움을 줄 것입니다.

　시리즈의 각 교재들마다 '나눔 거리'(객관식과 주관식)를 풍성하게 담아서, 독자들이 배운 내용을 공부하는 자리에서 되새기면서 적용하도록 하였습니다. '나눔 거리'는 성경 지식을 머리에만 머물지 않고, 마음과 삶으로 옮겨가도록 돕는 통로가 됩니다. 나눔을 통해서 말씀이 구체적인 삶의 적용점으로 이어지며, 나아가서 '개인의 깨달음'이 '공동체의 지혜'로 확장되는 징검다리가 될 것입니다. '나눔 거리'는 대부분 객관식으로서, 객관식 나눔의 답이 하나일 때도 있고 여러 개일 때도 있고 전부일 때도 있습니다. 주관식 나눔도 일부 들어가 있는데, 주관식 나눔의 목적을 교재의 내용을 묵상하는 중에 나눔을 천천히 읽고 곰곰이 생각해 보는 과정을 가짐으로써, 사고의 폭이 넓어지고 삶의 실천으로까지 나아가도록 하는 데에 두었습니다. 교재의 마지막 부분에 객관식 나눔의 답과 주관식 나눔에 대한 예시 답변을 실어놓았으니, 묵상을 마치신 후에 참조하시면 되겠습니다.

본 시리즈는 '지식'을 넘어 '삶'으로 이어지는 믿음의 여정으로 안내하는 것에 주안점을 두었습니다. 본 시리즈의 교재들이 독자들에게 하나님과의 관계를 다시금 점검하면서, 흔들림 없는 믿음으로 나아가도록 그 토대를 세워줄 것입니다. 바라기는 본 시리즈의 교재들을 접하는 모든 이들이 말씀의 반석 위에 굳건히 서며, 신앙 공동체 안에서 함께 믿음의 성장을 이루어가는 기쁨을 누리게 되기를 소망합니다.

본 교재(『믿음의 씨앗 교실 Ⅰ권』)는 10주 과정으로서, 독자들이 신앙의 핵심적인 주제들을 명확하게 이해하도록 돕는 데에 초점을 두었습니다. 1부에서는 하나님이 존재하신다는 사실과 성경의 권위를 시작으로, 예배와 기도 등 기본적인 신앙 주제들을 다루었습니다. 이어서 2부에서는 인간의 본성과 하나님의 연민을 살피면서, 회개와 회심을 통해서 거듭난 새 사람으로 변화되는 과정을 다루었습니다. 3부에서는 옛사람과 새 사람의 대비와 영생의 약속을 통해서 신앙인의 삶이 어디를 향해야 하는지를 다루었습니다. 『믿음의 씨앗 교실 Ⅰ권』의 목적은 믿음의 씨앗이 말씀의 토양에 심기어짐으로써, 독자들이 하나님 나라의 확장에 쓰임 받는 성숙한 일꾼으로 세워지도록 하는 것에 있습니다.

원고 집필 과정 내내 관심과 기도로 응원해 주신 모든 분들께 감사를 드립니다. 특별히 광성교회에서 10년간 성경 공부를 인도할 수 있도록 배려해 주신 남광현 위임목사님께 감사드립니다. 목사님의 관심과 넓은 배려 속에서 풍부한 성경 공부 경험을 쌓을 수 있었습니다. 그리고 지난 10여 년 동안 저의 성경 공부 강의에 성실하게 참여하신 광성교회의 여러 성도님들께도 감사드립니다. 바쁜 목회 일정 속에서도 본 교재의 디자인을 맡아 주신 김지훈 목사님께 깊이 감사드립니다. 세심한 미감과 구조화 덕분에 글의 내용의 가독성과 전달력이 한층 높아졌습니다. 본문을 정성껏 교정해 준 동생 김지연 집사에게도 감사의 마음을 전합니다. 꼼꼼하게 오타를 점검하면서 문장을 다듬어줌으로써 글의 정확성과 품격이 크게 향상되었습니다.

바라기는 이 작은 책이 하나님을 사랑하는 독자들의 신앙 여정에 따뜻하고 섬세한 동반자가 되기를 바랍니다.

2025년 11월 24일

김 연 수

이 책을 개인적으로 공부하는 방법

(매일 또는 한 주에 한 과씩 10주 과정으로 읽고 묵상하실 것을 권합니다.)

1. 공부 준비(3분): 교재와 함께 필기구를 준비하고 조용한 장소를 찾아서 기도를 한 후에 성경 공부를 시작합니다.

2. 개요 파악(5분): "학습 포인트"를 읽은 후에 해당 과가 어떤 소제목들과 내용으로 구성되어 있는지를 훑어보면서 파악합니다.

3. 본문 읽기(20분): 본문을 정독해서 읽어 내려가는 중에 핵심 문장들에 밑줄을 긋고 그 의미를 새겨봅니다.

4. "함께 나누어요"(17분): 본문의 마지막 항목마다 "나눔 거리"가 들어가 있습니다. 정답 유도형 나눔이 아니라 자기반성적이고 성찰적인 성격의 나눔입니다. 읽은 본문을 근거로 답을 찾도록 구성되어 있어서, 객관식 나눔의 정답을 쉽게 찾을 수 있습니다. 객관식 나눔에서는 정답과 틀린 답변들을 보면서, 나와 내가 속한 공동체가 어떤 모습을 띠는지를 잠깐씩 돌아보는 시간을 갖습니다. 주관식 나눔에서도 특별히 답을 찾으려 하지 말고 나눔의 의도가 어디에 있는지를 생각해 보는 정도이면 좋습니다. 중요한 것은 '정답'보다 '진심 어린 성찰'입니다. 교재의 마지막에 "함께 나누어요 - 정답"을 실어놓았으니, 성경 공부를 마친 후에 정답을 비교해 보시면 되겠습니다.
cf) 객관식 나눔의 정답이 하나일 때도 있고 여러 개일 때도 있습니다.

5. 통찰 메모와 마무리 기도(10분) : 성경 공부를 마치면서 공부한 내용을 머리에 떠올리면서 마지막 메모 란에 "통찰"을 적습니다. 이때 통찰에 주중 실천 사항 한 가지 정도가 포함되면 좋습니다. 통찰을 기록한 후에 기도로 마무리하면서 성경 공부를 마칩니다.

이 책을 소그룹에서 공부하는 방법

(소그룹 리더용 - 한 주에 한 과씩 10주 과정으로 읽고 묵상하실 것을 권합니다.)

1. 오프닝 & 기도(5분): 리더가 소그룹 멤버들을 환영하고 서로 인사를 나누도록 한 후에 기도로 성경 공부를 시작합니다.

2. 개요 파악(5분): 리더가 소그룹 멤버들과 함께 "학습 포인트"를 읽으면서 해당 과가 어떤 소제목들과 내용으로 구성되어 있는지를 훑어보면서 파악하도록 이끕니다.

3. 본문 읽기(20분): 리더는 성경 공부 전에 본문의 각 소제목에서 핵심 설명이 무엇인지를 미리 파악하면서 요점을 파악하셔야 합니다. 성경 공부 시 미리 파악한 요점을 간략하게 설명합니다.

4. "함께 나누어요"(20분): 본문의 마지막 항목마다 "나눔 거리"가 들어가 있습니다. 정답 유도형 나눔이 아니라 자기반성적이고 성찰적인 성격의 나눔입니다. 읽은 본문을 근거로 답을 찾도록 구성되어 있어서, 객관식 나눔의 정답을 쉽게 찾을 수 있습니다. 객관식 나눔에서는 리더가 정답과 틀린 답변들을 가지고 지체들이 자신들의 신앙생활이 어떤지를 돌아보도록 이끌어야 합니다. 주관식 나눔에서도 특별히 답을 찾으려 하지 말고, 리더가 나눔의 의도가 어디에 있는지를 지체들이 생각하도록 이끄는 정도이면 좋습니다. 중요한 것은 '정답'보다 '진심 어린 성찰'입니다. 교재의 마지막에 "함께 나누어요 - 정답"을 실어놓았으니, 성경 공부를 준비하실 때 정답을 참조하면서 나눔의 방향성을 잡으시면 되겠습니다.
cf) 객관식 나눔의 정답이 하나일 때도 있고 여러 개일 때도 있습니다.

5. 통찰 메모와 마무리 기도(10분): 리더는 성경 공부를 마치면서 지체들이 공부한 내용을 머리에 떠올리면서 메모란에 "통찰"을 적도록 인도합니다. 지체들이 적은 통찰을 소그룹에서 짧게 나눈 후에 기도로 마무리하면서 성경 공부를 마칩니다.

추천의 글 1

김 명 용 (前 장로회신학대학교 총장, 온신학아카데미 원장)

김연수 목사가 성경 공부 시리즈 「믿음의 나무」(1-8권)를 펴내게 됨을 진심으로 기쁘게 생각합니다. 이 시대의 한국교회 성도들에게 꼭 필요한 성경 공부 교재입니다. 성경 지식을 전달하는 데만 머무르지 않고, 말씀을 삶으로 살도록 하는 실제적 동력을 제공해 줍니다. 매 과마다 학습 포인트를 먼저 제시하면서 본문과 나눔과 적용의 구조로 명확하게 이루어져 있어서 누구나 부담 없이 혼자서 이 교재를 읽으면서 공부할 수 있습니다. 나아가서 새가족반(기초반), 양육자반(중급반), 성숙자반(상급반) 등 다양한 소그룹 성경 공부 교재로도 손색이 없습니다. 교회 교육의 표준을 찾는 분들에게, 저는 확신을 가지고 이 시리즈를 추천합니다. 성경 공부 시리즈 「믿음의 나무」가 각 교회와 가정에서 성도들의 믿음의 토대를 깊게 세우고, 예수 그리스도의 제자의 삶을 일상 속에서 풍성하게 살아가도록 이끌기를 소망하면서 기쁨으로 본서를 권합니다.

정 성 진 (거룩한빛광성교회 은퇴목사, 실천신학대학원대학교 총장)

추천의 글 2

　교회에서 예배 다음으로 중요한 것이 성경 공부요 목사의 사역 중 설교 다음으로 성경을 가르치는 것이 중요합니다. 성경 공부 교재를 만드는 분들은 대부분 기독교 교육 전공자들이고, 성서학을 전공하는 분들이 간혹 있습니다. 그런데 김연수 목사는 조직신학박사입니다. 조직신학자로서 방대한 분량의 성경 공부 교재를 발간한 일은 매우 드문 경우입니다. 김연수 목사의 목회 여정을 살펴보니 광성교회 부목사로서 성인 성경 공부를 9년간 인도하면서 그 경험을 바탕으로 시리즈별 성경 공부 82주 과정의 방대한 교재를 집필한 것임을 알게 되었습니다. 조직신학자가 집필한 성경 공부 교재답게 기초과정, 중급과정, 상급과정, 성숙자과정으로 체계적으로 잘 구성되어 있음을 보았습니다. 성인 성경 공부 교재가 부족한 한국교회에 매우 반가운 일입니다. 김연수 목사의 노고를 치하드리며 한국교회 성숙에 크게 이바지하게 될 것을 믿어 기쁨으로 추천하는 바입니다.

윤 철 호 (장로회신학대학교 명예교수)

성경 공부 시리즈 『믿음의 나무』는 신앙의 기초를 든든히 세우고 싶은 모든 성도에게 꼭 필요한 성경 공부 교재입니다. 저자의 풍부한 목회 경험이 담긴 이 책은 말씀을 알고-묵상하고-살아내는 신앙의 여정을 따뜻하게 안내합니다. 하루 한 과씩 묵상하도록 설계된 구성과 풍성한 나눔 요소는 개인 학습은 물론 소그룹 공부에도 탁월합니다. 신앙의 씨앗이 자라 뿌리를 내리고 열매 맺도록 돕는 귀한 도구로서, 말씀 앞에서 다시 출발하고자 하는 모든 분께 기쁘게 추천합니다.

최 윤 배 (前 장로회신학대학교 조직신학 교수/現 객원교수)

추천인은 김연수 박사님의 옥저, 성경 공부 시리즈 『믿음의 나무』(8권)를 크게 두 가지 이유에서 모든 평신도들과 신학도들과 목회자들에게 강력하게 기꺼이 추천드립니다.

첫째, 저자가 김연수 박사님이기 때문입니다. 추천인은 그의 장로회신학대학교 학부(Th.B.)와 신학대학원 교역학석사(M.Div.) 과정에서 만난 이후, 그의 조직신학 전공 신학석사(Th.M.) 학위논문과 신학박사(Th.D.) 학위논문 지도교수로 함께 하였습니다. 그리고 그는 조교로서 추천인을 옆에서 직접 돕기도 하였습니다. 오랫동안 가까이서 경험한 김연수 박사님은 한결같이 성실하고 신실한 믿음의 신학도이며, 전도사며, 목사며, 신학자였습니다.

둘째, 본서의 내용과 저술 방법 때문입니다. 이 땅에 수많은 신앙 서적들이 있지만, 아쉬움을 가진 서적들이 많습니다. 내용이 난해하거나 부실한 경우가 적지 않습니다. 그러나 김연수 박사님의 『성경 공부 시리즈』는 내용이 아주 성경적이고 복음적인 동시에, 신앙백과사전과 같은 방대한 성경과 교리 내용이 아주 간결하고도 명쾌하게 진술되어 있습니다. 이에 본서를 평신도와 신학도와 목회자 모두가 읽고 배우며 삶과 교회에 실천하길 바라면서, 한국교회의 성숙을 위해 자신 있게 추천합니다.

추천의 글 5

신 옥 수 (장로회신학대학교 조직신학 교수)

하나님의 신실한 종 김연수 목사가 성경 공부 교재를 출간하게 됨을 진심으로 축하드립니다. 건강한 신앙과 탄탄한 신학적 지식을 바탕으로 짜임새 있게 구성된 책이라고 생각합니다. 무엇보다도 하나님의 말씀을 사랑하고 교회를 사랑하는 마음이 가득 담겨 있습니다. 다양한 주제를 통해 신앙의 기초를 쌓을 수 있도록 풍성한 말씀의 식탁을 베풀고 있습니다. 말씀을 묵상하고 함께 나눔으로써 성도들의 실제 생활에 적용할 수 있도록 구성되었습니다.

김목사님은 장로회신학대학교 대학원에서 조직신학 박사 학위를 취득했는데, 누구보다도 탁월하고 성실하며 근면한 모습을 보여주었습니다. 10여 년 동안 교회 현장에서 성도를 사랑하고 섬기는 한결같은 자세로 성경 공부를 인도해왔으며, 이제 그 열매를 한국교회 앞에 내놓게 되었습니다. 본 저서가 하나님의 말씀에 대한 열정을 지닌 성도들에게 마른 가뭄에 생수처럼 다가갈 수 있기를 바랍니다. 성도들의 삶의 변화를 낳는 소중한 기회를 제공함으로써 말씀 공동체의 성숙을 위한 디딤돌이 되기를 기대합니다.

추천의 글 6

남 광 현 (광성교회 위임목사)

　김연수 목사님은 제가 아는 목사님들 중 가장 목사님다운 목사님 중 한 분입니다. 우리 교회 청년부를 맡으면서부터 알게 되어 지금까지 10년을 같이 동역한 목사님입니다. 그런데 그렇게 선할 수 없습니다. 목사님은 학창 시절 공고 출신으로서 학교 다닐 때 모자를 삐딱하게 쓰고, 가방에 연장을 들고 다녔고, 그리고 성인이 되어서는 인천 당구 300 정도였다 합니다. 예수님을 만나기 전의 김연수는 어떤 사람이었을까, 가히 짐작이 갈 것입니다. 그러나 제가 지난 10년 동안 경험한 김연수 목사님은 정말 선한 목자입니다. 그렇다면 무엇이 그를 이렇게 변화시켰을까? 예수님입니다. 그분의 말씀입니다.

　이번에 출간하는 성경 공부 시리즈 「믿음의 나무」는 그것을 보여줍니다. '씨앗'에서부터 시작하여 '뿌리', '가지', 그리고 '열매'에 이르는 변화! 그 내용은 오늘의 김연수 목사를 가능하게 한 하나님을 향한 그의 신앙고백과도 같습니다. 그가 공부했고, 그가 살았고, 그가 경험했고, 이제 묻고 답하는 과정 속에서 알아가게 되는 하나님입니다.

　김연수 목사님은 조직신학 박사이기도 하지만, 우리 광성교회에서 수년간 목회와 성경 공부 사역을 성심을 다해 섬겨 온 목자입니다. 이 책은 김연수 목사님의 신학적 고민과 목회적 통찰이 알차게 담긴 결실입니다. 본 시리즈는 성경 본문에 기초해서 교리와 삶을 유기적으로 연결하며, 개인 묵상과 소그룹 나눔이 자연스럽게 맞물리도록 설계되어 있습니다. 질문과 적용이 선명하고 한국교회 현실에 맞춘 예시들이 독자들의 일상 속 순종을 구체적으로 이끌어줍니다. 말씀을 '아는 것'에서 멈추지 않고 '따르는 것'으로 이끄는 구조가 돋보이며, 교회 공동체가 같은 언어로 복음을 고백하고 실천하도록 돕는 좋은 커리큘럼입니다.

　저는 본 시리즈가 우리 교회의 성도들뿐 아니라 한국교회 곳곳의 소그룹과 교육부서에서 널리 쓰이기를 진심으로 권합니다. 김연수 목사의 신실한 신앙과 탄탄한 연구가 만들어 낸 이 귀한 교재를 기쁨으로 추천합니다.

차 례

[2부-인간과 하나님의 연민]

1부

신앙생활의
씨앗

1과. 하나님 존재

1. 창조주 하나님

2. 하나님의 전능

3. 하나님의 전지

4. 하나님의 주권

5. 하나님의 섭리

6. 하나님의 속성

7. 삼위일체 하나님

8. 나를 사랑하시는 하나님

1과. 하나님 존재

성경은 다양하게 하나님 존재(Existence of God)를 증거합니다. "태초에 하나님이 천지를 창조하셨다"고 선포함으로써(창 1:1), 하나님께서 모든 존재의 궁극적인 근원이 되심을 증거합니다. "하늘이 하나님의 영광을 선포하고 궁창이 그 손으로 하신 일을 나타낸다"고 선포하면서(시 19:1), 만물이 창조주의 존재와 권능을 가리킴을 보여줍니다. "본래 하나님을 본 사람이 없으되 아버지 품속에 있는 독생하신 하나님이 나타내셨다"고 선포하면서(요 1:18), 성자 예수 그리스도를 통해서 하나님이 계시되었음을 가르쳐 줍니다.

이사야의 메시야 예언(사 7:14)과 그 성취 기록도 하나님의 예지와 통치가 역사 속에서 실제로 이루어졌음을 보여주는 강력한 증거입니다(마 1:22-23). 예수님께서 베푸신 여러 이적들과 부활 사건(고전 15:3-8)도 역사적 사건을 넘어서, 하나님 존재와 그분의 전능을 확증하는 결정적인 표적입니다. 구약성경과 신약성경 전반에 걸쳐서 반복적으로 '여호와'(YHWH)라는 이름이 나오는 것도 하나님이 신실하게 자신을 드러내시면서 신자에게 믿음의 확신을 심어주시는 증거입니다(창 2:4, 출 3:14-15, 신 6:4, 시 83:18, 사 42:8, 욜 2:32, 행 2:21, 롬 10:13).

하나님은 성경 속에서 인간과 언약을 맺으면서 당신께서 그와 함께 하실 것을 반복해서 선언하십니다(창 12:1-4; 17:7, 출 3:12, 신 31:6, 수 1:5, 사

41:10, 마 28:20, 히 13:5). 이러한 선언도 하나님께서 인간과 지속적으로 관계를 맺으면서 존재하시는 분이신 것을 증명합니다.

1. 창조주 하나님(Creator God)

창조주 하나님은 아무것도 없는 상태('무의 상태')에서 말씀으로 온 세계를 창조하신 분이십니다. 하나님께서 빛과 어둠, 땅과 바다, 초목과 동물들까지 각각의 목적을 가지고 온 세계를 만드셨습니다. 하나님은 창조 이후에도 그 만물을 돌보시며 유지하시는 분으로, 계속해서 우주와 세계와 인간 역사를 이끌어 가십니다. 또한 창조주 하나님은 멀리 계신 분이 아니라, 우리가 숨 쉬고 걸으며 경험하는 모든 일상 속에 거하시는 분입니다. 우리가 자연 속에서 느끼는 아름다움과 경이로움은 바로 하나님의 창조의 흔적입니다. "하늘이 하나님의 영광을 선포하고 궁창이 그의 손으로 하신 일을 나타내는 도다"(시 19:1). 우주 만물은 우연히 생겨난 것이 아닙니다. 전능하신 하나님의 섭리와 계획 하에 만들어진 하나님의 작품입니다. 장엄한 피조 세계를 바라볼 때 우리는 하나님이 얼마나 위대하시고 질서 정연한 분이신지를 깨닫게 됩니다.

특히 하나님께서는 인간을 흙으로 빚으시고 당신의 형상대로 만드시면서,

인간에게 고유한 가치와 목적을 부여하셨습니다. "하나님이 자기 형상 곧 하나님의 형상대로 사람을 창조하시되 남자와 여자를 창조하시고"(창 1:27). 창조주 하나님을 믿는다는 것은 우주와 세계와 역사와 나의 삶이 우연히 주어진 것이 아니라 하나님의 장대한 계획에 속함을 인정하는 것입니다. 신앙인들은 창조주 하나님 안에서 자신의 삶의 의미와 방향을 찾아가야 합니다.

함께 나누어요 ❷

나는 창조주 하나님을 언제 강하게 느끼나요?
 ① 해돋이나 별이 쏟아지는 밤하늘을 볼 때
 ② 산이나 바다 같은 웅장한 자연을 볼 때
 ③ 아기나 동물의 생명을 바라볼 때
 ④ 기도와 예배 중에 임재를 경험할 때
 ⑤ 늘 일상 속에서 경험한다.

---

2. 하나님의 전능(Omnipotence)

하나님의 전능(全能)은 '하나님께서 무한한 능력을 가지신다'는 의미입니다. 성경은 하나님이 말씀으로 우주를 창조하셨음을 증거합니다(히 11:3). 그분에게 불가능과 한계는 없습니다. 인간에게는 감당하기 힘든 큰 문제처럼 보여도, 하나님께는 작은 문제가 됩니다. 하나님께서 당신의 전능을 드러내시면서 홍해를 가르셨고 풍랑을 잠잠케 하셨습니다(출 14장, 막 4장). 하나님의 전능은 과거의 역사 속에서도, 지금 이 순간에도 동일하게 작동합니다.

때로 인간의 연약함을 통해서도 하나님의 전능이 드러날 때가 있습니다. "나에게 이르시기를 내 은혜가 네게 족하도다 이는 내 능력이 약한 데서 온전하여짐이라 하신지라 그러므로 도리어 크게 기뻐함으로 나의 여러 약한 것들에 대하여 자랑하리니 이는 그리스도의 능력이 내게 머물게 하려 함이라”(고후 12:9).

하나님은 당신의 전능을 우주와 자연과 역사 속에서뿐 아니라, 우리 일상 속의 작은 문제 가운데서도 드러내십니다. 신앙인들은 하나님께 기도하면서 그분의 전능하심을 체험할 수 있습니다. “너희 염려를 다 주께 맡기라 이는 그가 너희를 돌보심이라”(벧전 5:7). 신앙인들은 하나님의 전능을 신뢰하면서 살아가는 사람들입니다. 하나님의 전능을 깊이 묵상할 때, 신자는 어렵고 힘든 상황에서도 하나님을 신뢰하는 믿음을 움켜잡을 수 있습니다.

다음 중 하나님의 전능을 잘 드러내는 것은 무엇인가요?
　① 창조와 자연의 질서
　② 역사 속 하나님의 인도하심
　③ 기적과 표적
　④ 연약한 사람을 통해서 일하시는 하나님
　⑤ 일상의 작은 문제까지도 돌아보시는 하나님

3. 하나님의 전지(Omniscience)

하나님의 전지(全知)는 ‘하나님께서 모든 것을 아신다’는 의미입니다. 성경은 하나님이 인간의 마음속 생각과 의도까지도 꿰뚫어 보신다고 말씀합니다. “2 주께서 내가 앉고 일어섬을 아시고 멀리서도 나의 생각을 밝히 아시오며 3 나의 모든 길과 내가 눕는 것을 살펴보셨으므로 나의 모든 행위를 익히 아시오니”(시 139:2-3). 과거에 있었던 일뿐 아니라 지금 이 순간에 일어나는 모든 일도 오류 없이 아십니다. 하나님은 미래에 일어날 일까지도 정확히 아시며, 그분의 뜻과 계획 안에서 모든 역사를 주관해 가십니다.

하나님은 우리의 깊은 곳까지, 즉 우리의 연약함과 두려움까지도 아시는 분이십니다. 따라서 그분의 전지는 신자에게 말로 설명할 수 있는 위로를 줍니다. 모든 것을 아시는 하나님께서 나의 힘듦을 살펴보고 계시기 때문입니다. 하나님의 전지를 신뢰할 때, 신자는 불확실한 현실 속에서도 고요할 수 있습니다. 전지하신 하나님께 나의 부족함을 고백하면서 도움을 청할 때, 그분께서 완전한 지혜로 나를 인도하십니다. 신앙인들은 하나님의 전지하심을 신뢰하면서, 두려움을 버리고 믿음으로 오늘을 살아갈 용기를 얻는 사람들입니다.

'하나님이 모든 것을 아신다!' 이 사실이 나에게 어떤 위로를 주나요?

① 하나님께서 나의 고통을 이해하신다.
② 하나님께서 억울한 일을 바로잡아 주신다.
③ 하나님께서 나보다 나를 더 잘 아신다.
④ 실수와 실패 속에서도 하나님께서 계획을 이루어 가신다.
⑤ 하나님께서 나를 결코 잊지 않으신다.

4. 하나님의 주권(Sovereignty)

하나님의 주권(主權)은 '하나님께서 모든 것을 주관하시고 다스리신다'는 의미입니다. 성경은 "여호와께서 하늘에 계시사 모든 것을 다스리신다"고 선언합니다(시 103:19). 하나님은 우주 만물을 포함해서 인간의 삶 구석구석까지를 주권적으로 이끌어 가십니다. 사소해 보이는 나의 선택과 우연처럼 보이는 사건들조차도 하나님의 주권 하에 있습니다. 그분의 주권 아래서 신자는 힘든 상황에서도 넉넉하게 신앙의 정도를 걸어갈 수 있습니다. 하나님의 주권을 신뢰할 때, 신자는 일상의 걱정과 염려와 두려움을 내려놓고 평안을 누릴 수 있습니다. "여호와의 말씀이니라 너희를 향한 나의 생각을 내가 아나니 평안이요 재앙이 아니니라 너희에게 미래와 희망을 주는 것이니라"(렘 29:11).

'하나님의 주권을 신뢰하는 믿음'이 나에게 어떤 위로를 주나요?
① 나의 미래까지도 하나님의 손안에 있다는 것을 확신케 한다.
② 모든 상황에 하나님의 선한 목적이 있다는 믿음을 갖게 한다.
③ 나의 실패와 실수도 하나님께서 사용하실 수 있다는 소망을 갖게 한다.
④ 나를 향한 하나님의 계획이 변하지 않는다는 사실을 깨닫게 한다.
⑤ 어려움 속에서도 하나님이 함께하신다는 것을 신뢰케 한다.

5. 하나님의 섭리(Providence)

하나님의 섭리(攝理)는 '하나님께서 우주와 그 안의 모든 일을 계획하시고 보존하시며 인도해 가신다'는 의미를 갖습니다. 인간의 영역도 하나님의 섭리에 속합니다. 하나님은 인간 삶의 모든 영역을 세심히 돌아보시면서 이끌어 가십니다. 성경은 "여호와께서 사람의 걸음을 세세히 살피신다"고 말씀합니다(시 37:23). 우리가 마주하는 크고 작은 선택과 우연처럼 보이는 사건들까지, 하나님께서는 이 모든 것들을 당신의 선하신 계획 아래에 두십니다.

특별히 하나님은 당신의 섭리를 펼쳐가심에 있어서, 믿음의 사람을 당신의 도구로 쓰십니다. 요셉이 그렇습니다. 요셉이 하나님의 큰 그림 속에서 고대 근동 사람들을 구원하는 도구로 쓰임 받았듯이(창 50:20), 신자도 하나님의 섭리의 선한 도구로 쓰임을 받습니다. 하나님의 섭리를 신뢰할 때, 신자는 예기치 못한 상황에서도 두려움을 내려놓고 신실함과 성실함을 다시금 선택할 수 있습니다. 따라서 섬세하신 하나님 앞에 나의 생각과 계획을 내려놓고 그분의 인도하심에 귀를 기울이는 태도가 신자에게 필요합니다. 하나님의 섭리를 묵상하면서, 신앙인들은 모든 순간이 하나님의 사랑과 지혜로 채워져 가고 있음을 깨닫습니다.

6. 하나님의 속성(Attributes)

하나님의 속성(屬性)은 그분이 어떤 분이신지를 보여주는 하나님의 중요한 특성입니다. 첫째 하나님은 거룩하신 분으로서, 죄를 멀리하십니다('거룩'). 하나님은 죄와 상관이 없는 분으로서, 온전히 거룩하신 분입니다. 둘째 하나님은 사랑이십니다('사랑'). "사랑하지 아니하는 자는 하나님을 알지 못하나니 이는 하나님은 사랑이심이라"(요일 4:8). 인간을 향한 조건 없는 사랑으로 구원의 길을 예비하셨습니다. 셋째 하나님은 공의로우신 분으로서, 옳고 그름을 정확히 판단하시면서 당신의 정의를 세워가십니다('공의'). 넷째 하나님은 은혜로우셔서 받을 자격이 없는 자에게 당신의 긍휼을 베푸시는 분입니다('은혜'). 다섯째 하나님은 전능하셔서 우주 만물을 말씀으로 창조하셨고 다스려가십니다('전능'). 여섯째 하나님은 자연과 역사와 인간의 모든 것을 아시면서 이끌어 가시는 분입니다('전지'). 일곱째 하나님은 불변하신 분으로서(말 3:6), 그분의 성품과 약속은 결코 변하지 않습니다('불변'). 이러한 하나님의 속성들을 묵상할 때, 신자는 그분을 향해서 깊은 경외의 마음을 품게 됩니다.

7. 삼위일체 하나님(Trinity)

삼위일체 하나님은 한 분 하나님 안에 성부, 성자, 성령 세 위격이 존재하심을 가리키는 신학적인 언명(言明)입니다. 성부 하나님은 만물을 창조하시고 다스리시는 분입니다. 성자 예수님은 성육신하여 우리와 같은 인간이 되셔서, 십자가에서 인간의 죄를 대신 짊어지신 분입니다. 성령 하나님은 예수님 승천 후에 신자 안에 거하시면서, 신자를 인도하시고 위로하시는 분입니다.

세 위격은 각각 구별은 되지만, 본질(신성)은 동일합니다. 성경은 '한 하나님'이라고 선언하면서도(신 6:4), 예수님과 성령님의 신성을 함께 증거할 때도 있습니다(마 28:19, 행 5:3-4). 삼위일체를 완전히 이해하는 것은 어려운 일이지만, 그래도 신자는 하나님께서 자신을 계시하신 방식을 존중하면서 믿음으로 받아들여야 합니다. 지금도 신자는 삶 가운데서 삼위일체 하나님과 풍성하게 인격적인 교감을 누리고 있습니다. 삼위일체의 진리는 신자에게 하나님의 사랑과 구원의 계획을 풍성하게 알게 해 주는 기독교 신학의 핵심입니다.

함께 나누어요 ⑧

삼위일체의 신비를 인간의 이성으로 완전히 이해하기 어렵습니다. 하나님께서 존재하시는 방식이 인간의 이성을 뛰어넘기 때문입니다. 이런 상황에

8. 나를 사랑하시는 하나님(God's love for me)

하나님은 우리 한 사람 한 사람을 깊이 사랑하시는 분이십니다. 성경은 '하나님께서 우리를 먼저 사랑하셨다'고 선언합니다(요일 4:19). 하나님은 당신의 사랑으로 내가 부족한 순간에도 변함없이 나를 품어 주십니다. 하나님은 당신의 아들을 이 땅에 보내심으로, 인류를 향한 당신의 사랑을 분명하게 나타내셨습니다. '죄인 된 나를 구원하시려고 당신의 아들 예수님을 십자가에 내어준 하나님의 사랑!' 이 사랑은 매우 숭고한 사랑입니다. 나를 향해서 당신의 사랑을 펼쳐내시는 것이 하나님의 본래 뜻입니다.

내가 실수하거나 넘어질 때도 하나님은 나를 포기하지 않으십니다. 하나님께서 나를 사랑하시기 때문입니다. 하나님께서 당신의 사랑 가운데로 나를 초대하셨습니다. 그래서 지금도 나는 하나님의 사랑으로 순간순간을 살아가고 있습니다.

함께 나누어요 ❾

지금 나에게 가장 필요한 하나님의 사랑은 어떤 사랑인가요?
① 용서하시는 사랑
② 위로하시는 사랑
③ 인도하시는 사랑
④ 격려하시는 사랑
⑤ 변함없이 끌어안아주시는 사랑

지금까지 "하나님 존재"라는 주제로 성경 공부를 하였습니다. 성경 공부를 통해서 깨달은 점이나 마음에 남은 은혜나 새롭게 얻은 통찰을 간단하게 적어 보시기 바랍니다. 이 기록이 앞으로 하나님과 함께 걸어갈 믿음의 여정을 새롭게 준비하는 소중한 흔적이 될 것입니다.

예시

성경 공부를 통해서 하나님의 존재에 대한 다양한 증거들을 살펴보면서, 하나님께서 지금도 살아서 역사하시는 분임을 깊이 깨달았습니다. 창조와 섭리, 전능과 전지, 그리고 삼위일체의 신비 속에 드러난 하나님의 속성이 나의 믿음을 더욱 견고하게 해 주었습니다. 무엇보다 하나님께서 지금 이 순간에도 나와 함께 하신다는 사실이 큰 위로가 되었습니다.

성경 공부를 통해서 얻은 통찰 메모하기

성경 공부 시리즈 믿음의 나무 1

1부

신앙생활의 씨앗

2과. 성경

1. 성경의 기원

2. 성경의 영감

3. 성경의 구성과 내용

4. 성경의 권위

5. 성경의 무오성

6. 성경 읽기

7. 말씀 묵상

2과. 성경

1. 성경의 기원과 정경 형성 과정을 이해하도록 한다.
2. 성경의 영감과 무오성에 대한 바른 관점을 갖게 한다.
3. 성경의 구성과 내용을 큰 흐름 속에서 파악하게 한다.
4. 성경 읽기와 묵상의 실제적인 방법을 배운다.

성경(Bible)은 단순히 고대 문헌이 아니라 오늘도 살아 역사하는 하나님의 말씀입니다. 기독교는 성경이 그 정체성을 규정합니다. 따라서 신자에게 성경은 믿음의 기초가 됩니다. 성경에 대한 신뢰가 하나님에 대한 신뢰이고 기독교에 대한 신뢰입니다. 성경은 하나님의 계시이며, 진리의 유일한 표준입니다. 성경을 바로 알고 믿음으로 순종할 때, 신자의 삶은 견고히 세워지고 흔들리지 않게 됩니다. 신자는 성경을 읽고 묵상하며, 삶의 모든 영역 속에서 성경의 권위를 실천적으로 드러내야 합니다. "105 주의 말씀은 내 발에 등이요 내 길에 빛이니이다 106 주의 의로운 규례들을 지키기로 맹세하고 굳게 정하였나이다"(시 119:105-106). 성경에 대한 바른 이해와 적용이 신앙 공동체의 건강함을 결정짓습니다.

1. 성경의 기원(Origin)

성경의 기원은 하나님께서 성령을 통해 믿음의 사람들을 감동케 하시고 기록하게 하신 그분의 '영감'에 뿌리를 둡니다(딤후 3:16). 구약성경은 기원전 1400년경 모세에서 시작해서 기원전 400년경의 스가랴와 말라기까지, 여러 선지자들을 통해서 약 천 년에 걸쳐서 기록되었습니다. 신약성경은 예수 그리스도의 삶과 사역 그리고 초대교회의 역사와 사도들의 전도 여행을 담고 있으며, 기원후 1세기 중반에 완성되었습니다. 구약성경과 신약성경 각각의 책들은 하나님께서 이루어 가시는 구원 이야기를 일관성 있게 진술하고 있습니다.

초대교회는 여러 책들 가운데서 정경으로 인정할 66권을 신중히 선별하여 오늘날 우리가 읽는 성경 정경을 확정했습니다(Canon). 정경 확정 후에 성경의 여러 필사본들이 교회가 성장하는 동안에 여러 지역으로 전파되었습니다. 감사하게도 하나님께서는 성경의 필사본들을 보존하셔서 오늘날에도 원문의 진리가 그대로 전해집니다.

중세 이후 성경은 다양한 언어로 번역이 되는데, 특히 종교개혁 때 루터의 독일어 성경 출간으로 인해서 평신도들의 성경 읽기와 신앙생활이 혁신적으로 바뀌게 됩니다. 복음주의 전통은 성경이 단순히 인간의 글과 기록이 아니라, 하나님의 살아 있는 말씀으로서 신자의 믿음과 삶의 표준이 됨을 가르칩니다. 성경의 기원과 전승 과정을 이해할 때, 우리는 성경이 우리를 살리고 변화시키는 하나님의 능력이 됨을 깊이 깨닫게 됩니다.

> **함께 나누어요 ❶**
>
> **하나님께서 성경을 기록하신 방법을 잘 설명한 것은 무엇인가요?**
> ① 하나님이 직접 쓰셨다.
> ② 성령을 통해 믿음의 사람들을 감동시켜서 기록하게 하셨다.
> ③ 하늘에서 이미 완성된 책을 내려주셨다.
> ④ 천사가 구절마다 불러주었다.
> ⑤ 교회 지도자들이 모여 회의에서 만들어 냈다.

2. 성경의 영감(Inspiration)

성경의 영감은 '하나님께서 성령을 통해서 사람의 생각과 언어를 사용하여서 성경을 기록하게 하신 것'을 가리킵니다('유기적 영감설'). 사도 바울은 모든 성경이 하나님의 감동으로 되었다고 선언하면서(딤후 3:16), 성경이 인간 기자의 글이기도 하지만 근본적으로는 하나님의 말씀인 것을 분명하게 밝힙니다. 베드로 사도도 성경을 성령의 감동으로 하나님께 받아서 기록한 말씀이라고 선언합니다. "예언은 언제든지 사람의 뜻으로 낸 것이 아니요 오직 성령의 감동하심을 받은 사람들이 하나님께 받아 말한 것임이라"(벧후 1:21).

성경은 하나님의 진리를 기록한 최고의 권위를 지닌 책으로, 신자의 신앙과 삶의 척도가 됩니다. 영감으로 기록된 성경은 신자에게 하나님을 아는 충분한 지식을 주면서(딤후 3:15), 신자를 충분히 교훈하고 책망하고 바르게 하고 의로 교육하면서 성숙한 믿음으로 이끌어갑니다. 성경의 영감을 올바르게 이해할 때, 신자는 성경을 살아 있는 하나님의 말씀으로 인정하게 됩니다. 신자는 말씀을 읽고 묵상할 때마다 "이 말씀이 하나님께서 나에게 주시는 말씀이라고" 고백하면서, 말씀 앞에 나의 마음을 활짝 여는 사람입니다.

함께 나누어요 ❷

성경의 영감을 올바르게 이해할 때 신자가 보이는 바람직한 태도가 무엇인가요?
　① 성경을 흥미로운 이야기책 정도로 읽는다.
　② 성경을 다른 종교 경전과 똑같이 대한다.
　③ 성경을 살아 있는 하나님의 말씀으로 인정한다.
　④ 성경을 필요할 때만 참고한다.
　⑤ 성경보다 다른 책의 의견을 우선한다.

3. 성경의 구성과 내용(Structure and Content)

　① 구약성경(Old Testament)

구약성경은 예수 그리스도께서 이 땅에 오시기 전까지, 하나님의 계시와 이스라엘 백성의 역사를 담고 있습니다. 약 기원전 15세기부터 기원전 4세기경까지의 내용이 기록되었습니다. 이 시기 동안에 구약성경은 히브리어로 기록되었고, 일부는 아람어로 기록되었습니다.

[구약성경의 구성(총 39권)]

모세오경(창세기, 출애굽기, 레위기, 민수기, 신명기) : 창조와 인간의 타락을 다루고 있으며, 하나님의 율법이 주어진 역사를 담고 있습니다.

역사서(여호수아, 사사기, 룻기, 사무엘상·하, 열왕기상·하, 역대상·하, 에스라, 느헤미야, 에스더) : 이스라엘 민족의 가나안 땅 정복과 왕국 시대와 바벨론 포로 시대와 포로 생활에서의 귀환을 담고 있습니다.

시가서(욥기, 시편, 잠언, 전도서, 아가) : 하나님의 사람으로 살아가는 데 필요한 지혜를 시적으로 기록하고 있으며, 인생의 고난과 하나님의 섭리와 주권 그리고 사랑의 아름다움을 담고 있습니다.

대예언서(이사야, 예레미야, 예레미야애가, 에스겔, 다니엘)와 소예언서(호세아, 요엘, 아모스, 오바댜, 요나, 미가, 나훔, 하박국, 스바냐, 학개, 스가랴, 말라기) : 대예언서와 소예언서는 모두 이스라엘의 죄와 회개, 하나님의 심판과 구원, 메시아 예언을 담고 있습니다.

② 신약성경(New Testament)

신약성경은 헬라어로 기록되었으며, 그 내용은 예수 그리스도의 탄생과 공생애 사역과 죽음과 부활, 그리고 그분을 믿는 자들을 통해서 복음이 확장된 사건을 담고 있습니다.

[신약성경의 구성(총 27권)]

복음서(마태복음, 마가복음, 누가복음, 요한복음) : 예수님의 생애와 가르침, 십자가 죽음과 부활을 기록하고 있습니다.

역사서(사도행전) : 초대교회의 시작과 복음이 전파된 경위를 기록하고 있습니다.

서신서(로마서, 고린도전서·후서, 갈라디아서, 에베소서, 빌립보서, 골로새서, 데살로니가전서·후서, 디모데전서·후서, 빌레몬서, 히브리서, 야고보서, 베드로전서·후서, 요한 1서·2서·3서, 유다서) : 서신서는 사도 바울과 다른 사도들이 교회와 성도들에게 보낸 편지입니다. 신앙과 교리, 신앙인이 살아야 하는 삶의 지침을 다루고 있습니다.

예언서(요한계시록) : 요한계시록은 묵시서(Apocalypse)로서, 마지막 심판과 새 하늘과 새 땅, 그리고 하나님의 백성들이 궁극적으로 승리한다는 예언의 내용을 기록하고 있습니다.

4. 성경의 권위(Authority)

성경의 권위란 '성경이 하나님으로부터 온 말씀으로서, 신앙과 삶의 모든 영역에서 최종적인 표준이 된다는 것'을 의미합니다. 성경은 하나님의 감동으로 기록된 말씀이며(딤후 3:16), 교회의 모든 교리와 신자의 신앙생활의 근본이 됩니다. 예수님도 구약성경을 인용하시면서(마 4:4), 성경이 하나님의 뜻을 전하는 신뢰할 만한 권위를 지녔음을 나타내셨습니다. 초대교회의 성도들은 성경 말씀을 삶의 규범으로 삼고 말씀에 순종하면서 공동체를 세워나갔습니다. 성경은 신자의 생각과 행동과 믿음의 모든 영역을 검토하면서 바로잡는 능력을 갖습니다(히 4:12). 잘못된 가르침과 정보가 난무하는 세상에서, 성경은 신자에게 흔들림이 없는 진리를 드러냅니다.

복음주의 전통은 성경에 최고 권위를 부여하면서, 성경을 교회의 모든 결정 위에 올려놓습니다. 성경의 권위를 겸허하게 인정할 때 신앙인들은 말씀 앞에 무릎을 꿇는 믿음을 갖게 됩니다. 말씀이 하나님의 뜻을 분별하는 표준이자, 삶의 방향을 제시하는 빛이 되기 때문입니다. 따라서 신자는 성경 읽기와 말씀 묵상을 자신의 신앙 생활의 중심에 두어야 합니다.

예수님께서 광야에서 시험을 받으실 때 성경을 인용하신 이유가 무엇일까요?
　① 성경 내용을 외우셨음을 보여주기 위해서
　② 구약성경의 문학성을 강조하기 위해서
　③ 성경이 하나님의 뜻을 전하는 신뢰할 만한 권위를 지녔음을 보여주시기 위해서
　④ 말씀으로 시험을 물리치는 모범을 보여주시기 위해서
　⑤ 사탄을 혼란스럽게 만들기 위해서

5. 성경의 무오성(Inerrancy)

성경의 무오성은 성경이 하나님의 감동으로 기록된 말씀이기에, '그 안에 기록된 모든 말씀이 오류 없이 참되다'는 의미입니다. 인간 기자의 개성과 표현 방식은 그대로 살아 있으면서, 하나님의 진리가 성경 안에 정확하게 보존되었습니다. 예수님도 "천지가 없어지기 전에는 율법의 일점일획도 결코 없어지지 아니하고 다 이루리라"고 말씀하시면서(마 5:18), 성경의 무오성을 확증하셨습니다.

성경의 무오성은 사변적인 언설(言說)이 아니라, 사실적인 진리입니다. 복음주의 전통은 성경의 무오성을 강조하면서, 성경이 신자의 삶을 진리로 이끌고 하나님과의 관계를 회복시키는 유일한 기준임을 강조합니다. 무오성을 믿을 때 신자는 성경 안의 초-과학적 사실로 인해서 실족하지 않게 됩니다.

말씀에 준해서 결정을 내리고 선택을 하면서 신앙의 정도를 걸어갈 수 있습니다.

기독교 역사를 보면, 성경의 무오성에 대한 신뢰가 종교적인 개혁을 이끈 동인이 된 것을 알 수 있습니다. 말씀의 권위를 회복할 때 교회가 새로워졌고, 성도는 다시 하나님 앞에 바로 설 수 있었습니다. 오늘날에도 성경의 무오성을 붙드는 믿음은 혼란한 시대 속에서 흔들리지 않는 영적 나침반이 됩니다.

성경의 무오성을 믿을 때 신자가 얻게 되는 유익은 무엇일까요?
① 성경을 과학 교과서처럼 암기할 수 있다.
② 성경의 초-과학적 내용 때문에 실족하지 않는다.
③ 성경을 더 창의적으로 해석할 수 있다.
④ 성경의 일부만 선택적으로 믿을 수 있다.
⑤ 성경 외의 다른 책의 권위를 더 중시하게 된다.

6. 성경 읽기(Bible Reading)

성경을 읽는 것은 신앙 성장에 있어서 핵심적인 습관입니다. 다음과 같은 실제적인 방법을 통해서 성경 읽기를 시작할 수 있습니다. 시간을 정하는 것이 중요합니다. 매일 아침 혹은 잠자리에 들기 전에 30분 정도의 시간을 성경을 읽는 것에 할애하시기 바랍니다. 성경을 읽을 때 창세기부터 요한계시록까지 순서대로 읽는 것도 좋고, 혹은 주제별('사랑', '거룩', '용서' 등)로 읽을 분량을 정해 놓고 읽어 나가는 것도 좋습니다.

처음 성경을 읽는 분들은 쉽게 번역된 성경을 골라서 읽어내려가는 것도 괜찮은 방법입니다. 성경을 읽기 전에 "하나님! 제 마음을 여시고 말씀을 깨닫게 해 주십시오!" 이렇게 짧게 기도를 하고 성경을 읽어야 합니다. 성경을 읽어 내려가는 중에 마음으로 질문을 하는 것도 바람직합니다. '이 본문이 나에게 무엇을 말하는가?', '어떻게 이 말씀을 나의 삶에 적용할 수 있을까?' 스스로 질문을 던지면서 성경을 읽습니다. 성경을 읽을 때 요점과 느낀 점을 기록하는 것도 필요합니다. 말씀을 읽는 중에 인상 깊은 말씀과 떠오르는 생각을 노트에 적어두면 나중에 묵상하는 데에 도움이 됩니다. 말씀을 읽어가다가 유난히 은혜로 다가오는 말씀을 그 자리에서 암송하는 것은 어떻습니까? 암송한 그 말씀이 나의 삶을 이끌어가는 경험을 하게 될 수 있습니다. 그리고 읽은 말씀 중에서 한 가지를 골라서 구체적인 행동으로 연결하는 것도 바람직합니다.

혼자서 성경을 읽는 것도 좋지만, 마음에 맞는 사람들과 함께 성경을 읽는 것도 좋습니다. 읽은 후에 소그룹에서 본문을 읽고 느낀 점을 나눌 수 있습니다. 성경을 읽어 갈 때 한 달 단위로 얼마나 읽었는지를 체크하면, 다음 목표를 세우는 데 도움이 될 것입니다.

성경을 더 깊이 있게 읽을 수 있는 방법에 무엇이 있을까요?
① 본문이 나에게 무엇을 말하는지 질문한다.
② 아무 생각 없이 읽기만 한다.
③ 이해하기 어려운 구절은 건너뛴다.
④ 매일 다른 언어로 번역본을 바꿔 가면서 읽는다.
⑤ 성경을 소리 내서 읽지 않는다.

7. 말씀 묵상(Meditation)

말씀 묵상은 성경 본문을 깊이 묵상하면서 그 말씀을 마음에 깊이 새기는 것을 가리킵니다. 묵상을 위해서, 말씀을 읽는 중에 묵상할 말씀을 따로 떼어 놓는 것이 필요합니다. 따로 떼어 놓은 그 말씀을 여러 번 반복해서 읽으시기 바랍니다. 반복해서 읽는 중에 하나님께서 깨달음이나 느낌을 주십니다. 그런 후에 묵상한 말씀 중에서 마음에 와닿은 단어나 구절을 노트에 적으십시오. 그 단어나 구절이 나에게 어떤 의미인지를 스스로 질문해 봅니다. 그리고 그 말씀을 오늘 나의 삶에 어떻게 적용할 수 있을지를 구체적으로 생각해 보십시오. 기도 중에 하나님께 그 말씀대로 살아갈 수 있는 힘을 구하고, 하루 동안 그 말씀이 내 생각과 행동을 이끌도록 의식적으로 붙드십시오. 작은 말씀 하나라도 진심으로 붙들고 살아갈 때, 하나님께서는 우리의 마음과 삶을 조금씩 변화시켜 주십니다.

매일 말씀을 묵상하고 묵상 노트를 꾸준히 기록하면, 그 흐름 속에서 눈에 띄는 영적 성장을 경험하게 될 것입니다. 그리고 묵상하면서 받은 은혜를 소그룹에서 나눌 수 있다면, 그 은혜가 더욱 풍성해집니다.

함께 나누어요 ❻

묵상한 말씀을 삶에 적용하는 좋은 방법에 무엇이 있을까요?
① 의미만 이해하고 실천은 뒤로 미룬다.
② 묵상 후에 구체적인 행동 한 가지를 정해서 실천한다.
③ 다른 사람에게만 말씀을 적용하라고 권한다.
④ 그냥 기억 속에만 간직한다.
⑤ 매일 새로운 말씀만 찾는다.

함께 나누어요 ❼

'성경 중심의 신앙생활'이 나에게 어떤 의미를 갖는지를 돌아보시기 바랍니다.

지금까지 "성경"이라는 주제로 성경 공부를 하였습니다. 성경 공부를 통해서 깨달은 점이나 마음에 남은 은혜나 새롭게 얻은 통찰을 간단하게 적어 보시기 바랍니다. 이 기록이 앞으로 하나님과 함께 걸어갈 믿음의 여정을 새롭게 준비하는 소중한 혼적이 될 것입니다.

예시

성경이 단순한 고대의 문헌이 아니라 지금도 살아 역사하시는 하나님의 말씀임을 다시금 깨닫게 되었습니다. 성경의 기원과 영감, 구성과 권위, 그리고 묵상과 적용에 이르기까지 말씀을 향한 바른 태도를 점검할 수 있었습니다. 무엇보다도 하나님께서 지금도 말씀을 통해서 나를 만나시고 이끄신다는 사실이 큰 은혜와 도전이 되었습니다.

성경 공부 시리즈 믿음의 나무 1

1부

신앙생활의 씨앗

3과. 예배

3과. 예배

예배는 하나님을 향한 신자의 믿음을 드러내는 가장 핵심적인 행위입니다. 예배는 단순히 교회에 모여서 갖는 종교의식을 뛰어넘습니다. 성경은 예배를 통해서 하나님을 영화롭게 하면서, 하나님의 임재 속에서 인간이 진정한 만족을 누리게 된다고 말씀합니다. 예배는 신앙인들의 믿음을 세워주는 중요한 통로입니다. 나아가서 공동체를 하나 되게 하는 중요한 통로이기도 합니다. 예배가 바로 세워질 때, 교회 공동체는 본질적인 사명도 온전히 감당하게 됩니다. 결론적으로 이렇게 얘기할 수 있습니다. "예배는 신자의 믿음을 고취시키면서 신앙 공동체를 지탱하는 근본 토대이다." "아버지께 참되게 예배하는 자들은 영과 진리로 예배할 때가 오나니 곧 이때라 아버지께서는 자기에게 이렇게 예배하는 자들을 찾으시느니라 하나님은 영이시니 예배하는 자가 영과 진리로 예배할지니라"(요 4:23-24).

1. 예배의 의미(Meaning)

예배는 '하나님을 향한 경외와 사랑의 표현'입니다. 신자에게 예배는 하나님께 나의 마음을 드리는 행위이며, 그분의 거룩하심을 인정하는 신앙고백의 시간입니다. 성경은 예배를 '하나님을 기뻐하며 즐거워하는 것'이라고 말하면서, 예배에 있어서 기쁨이 동반된 헌신을 강조합니다. "춤추며 그의 이름을 찬양하며 소고와 수금으로 그를 찬양할지어다"(시 149:3).

예배를 드리면서 신자는 하나님께서 행하신 일들을 돌아보면서, 그분의 사랑을 확인할 수 있습니다. 신자에게 예배는 하나님과의 교제의 장이자, 자신의 내면이 정결해지는 회개의 자리입니다. 또한 신앙인들에게 예배는 그분의 임재를 경험하는 통로입니다. 형식에 지나치게 얽매이지 않고 중심 잡힌 자유함 가운데 드리는 예배가 '영과 진리로 드리는 예배'이며(요 4:24), 하나님께서는 이런 예배를 기쁘게 받으십니다. 나아가서 예배는 공동체가 함께 모여서 하나님을 높이는 것이기에, 구성원들의 마음을 하나로 모으는 근본 동력이기도 합니다.

더 나아가서 예배당에서의 공적 예배는 세상에 나가서 신자의 삶 전체를 드리는 '삶의 예배'로까지 확장됩니다. "그러므로 형제들아 내가 하나님의 모든 자비하심으로 너희를 권하노니 너희 몸을 하나님이 기뻐하시는 거룩한 산 제물로 드리라 이는 너희가 드릴 영적 예배니라"(롬 12:1). 신자의 믿음은 예배를 통해서 깊이 세워집니다.

함께 나누어요 ❶

다음 중 예배가 신자에게 주는 영적 유익으로 올바른 것은 무엇일까요?
 ① 하나님의 주권과 사랑을 확인한다.
 ② 예배 시간에만 거룩해진다.
 ③ 형식만 지켜도 은혜를 자동으로 받는다.
 ④ 하나님보다 사람의 시선을 더 의식하게 된다.
 ⑤ 예배 후에는 삶과 무관하게 행동한다.

2. 예배 준비(Preparation)

신자의 예배 준비는 토요일 오후부터 준비되어야 합니다. 하나님께 드릴 헌금과 입을 옷을 주일 전에 미리 준비합니다. 예배를 통해서 하나님께서 주실 은혜를 사모하는 마음을 품고 잠자리에 듭니다. 구체적으로 주일의 예배를 위해서 다음과 같이 준비하시기 바랍니다.

첫째 '복장'입니다. 복장은 경건한 마음을 표현할 수 있는 의복을 선택해야 합니다. 노출이 심하거나 불결하여 냄새가 나는 옷은 삼가는 것이 좋습니다. 나 혼자만의 예배가 아니라 공동체의 구성원들이 함께 드리는 예배이기 때문입니다.

둘째 '주변 정돈'입니다. 집중해서 예배를 드리기 위해서 주변을 정돈해야 합니다. 예배에 방해가 되는 요소('휴대폰 무음 설정', '알림 차단' 등)를 미리 점검하는 것이 필요합니다.

셋째 '돌아봄'입니다. 예배가 시작되기 전에 한 주간의 삶을 돌아봅니다. 한 주간의 삶을 돌아보면서 죄와 잘못과 허물을 하나님께 고백합니다. 이것은 하나님 앞에 정직하게 서기 위함입니다.

넷째 '말씀'입니다. 예배가 시작되기 전에 먼저 설교 본문을 천천히 읽고 설교 제목과 내용을 눈여겨 보시기 바랍니다. 이렇게 함으로써 목회자의 설교를 통해서 나에게 말씀하시는 하나님의 음성이 더 명료하게 들려질 수 있습니다.

다섯째 '하나님의 임재 구함'입니다. 예배 시간 5분 전에는 깊은 심호흡으로 마음을 가라앉히고 조용히 하나님의 임재를 구합니다. 이렇게 함으로써 예배 중에 마음이 분산되지 않고 온전히 하나님께 집중할 수 있습니다.

예배 5분 전 조용히 하나님의 임재를 구하는 목적이 무엇인가요?
　① 마음을 가라앉히고 하나님께 집중하기 위해서

② 예배를 통해 주실 은혜를 사모하는 마음을 갖추기 위해서

③ 분주한 생각을 내려놓고 준비된 마음으로 예배를 드리기 위해서

④ 예배 순서를 조용히 점검하기 위해서

⑤ 자리 좋은 곳을 차지하기 위해서

3. 참회의 기도(Prayer of Confession)

참회의 기도는 하나님 앞에서 자신을 성찰하면서 회개하는 기도입니다. 신앙인들은 예배를 드리기 전에 한 주간 동안의 삶을 돌아보면서, 하나님 앞에서 회개하는 기도의 시간을 갖습니다. 주일 예배 시 참회의 기도 시간에 교회의 모든 구성원들이 나의 허물과 죄를 하나님께 솔직하게 고백합니다. 하나님의 임재 가운데 진솔하게 참회의 기도를 올려드린 후에 더 깊은 예배를 경험할 수 있습니다.

대부분의 교회들이 주일 낮 예배 순서에 참회의 기도를 넣지만, 그렇지 않은 교회들도 있습니다. 예배 순서에 참회의 기도가 없다면, 조금 더 일찍 성전에 나와서 개인적으로 참회하는 기도의 시간을 가져야 합니다. 나의 잘못과 허물을 돌아보면서, 하나님께 용서를 구해야 합니다. "만일 우리가 우리 죄를 자백하면 그는 미쁘시고 의로우사 우리 죄를 사하시며 우리를 모든 불의에서 깨끗하게 하실 것이요"(요일 1:9).

참회의 기도는 죄의식에서 벗어나서, 하나님께서 주시는 용서와 회복의 은혜를 경험하는 시간입니다. 신앙 공동체가 함께 드리는 참회의 기도를 통해서 모든 성도들이 함께 거룩함을 지향하는 공동체 의식이 강화됩니다.

함께 나누어요 ❸

예배 시간에 참회의 기도를 드리는 주된 목적은 무엇인가요?

① 죄의식에서 벗어나 하나님의 용서와 회복의 은혜를 경험하기 위해서

② 다른 사람에게 내가 신앙 좋은 사람임을 보여주기 위해서

③ 예배 시간을 더 길게 만들기 위해서

④ 주일 예배 순서를 다양하게 하기 위해서

⑤ 설교 시간을 줄이기 위해서

4. 영과 진리로 드리는 예배(Spirit and Truth)

영과 진리로 드리는 예배는 그 핵심을 형식에 두지 않습니다. '진심을 담아서 성령의 인도하심을 따라서 예배를 드리고 있는가!' 여기에 핵심이 있습니다. 예배가 시작되기 전에 '지금 내 마음의 상태가 어떤가, 하나님을 만날 준비가 되어 있는가'를 스스로 점검해야 합니다. 찬양할 때 멜로디나 박자에 집중하기보다, 가사의 의미를 마음속으로 되새기면서 부르는 것도 중요합니다. 대표 기도자의 기도에 마음으로 '아멘'이라고 화답하면서, 그 기도에 나의 믿음과 바람을 담습니다. 설교를 들을 때는 '이 말씀을 어떻게 내 삶에 적용할 수 있을지'를 물으면서, 설교를 메모합니다.

예배 중에 무의식적으로 주의가 산만해질 때는 잠시 눈을 감고 깊이 숨을 들이마시면서 다음처럼 짧게 기도합니다. "성령님, 나의 마음과 생각을 이끌어 주십시오!" 짧게 기도한 후에 다시금 예배를 드리면, 다시금 집중해서 예배를 드릴 수 있습니다. 영과 진리의 예배는 한순간의 감정이나 느낌이 아닙니다. 내가 하나님께서 원하시는 예배자인가? 이것을 끊임없이 묻는 과정 가운데서 참된 예배자가 되어갑니다.

영과 진리의 예배에서 함께 예배를 드리는 믿음의 형제자매도 중요합니다. 그들도 나처럼 하나님의 자녀이기 때문입니다. 예배를 마친 후에 존중의 마음을 담아서 그들에게 정중하게 인사말을 건넵니다. 짧은 인사도 좋습니다. 이렇게 할 때, 그 예배는 하나님 안에서 모두가 형제자매임을 확인하는 사귐의 장이 됩니다.

영과 진리로 예배를 드리기 위해서 내가 실천할 수 있는 훈련과 습관에 무엇이 있을까요?

① 토요일 밤에 충분한 수면을 취한다.

② 예배 전 말씀과 찬양으로 마음을 가다듬는다.

③ 예배 시간 전에 휴대폰을 미리 꺼놓고 하나님께만 집중할 준비를 한다.

④ 예배 후 받은 은혜를 기록하고 주중에 실천한다.

⑤ 예배 시간에 하나님을 만나는 것을 목표로 삼는다.

5. 설교자의 역할(Preacher's Role)

개신교 예배에서 설교가 차지하는 비중이 매우 큽니다. 설교자는 이 점을 명심하고 설교 준비에 최선을 다해야 합니다. 먼저 하나님께 기도하면서 본문을 깊이 묵상합니다. 또한 말씀의 원문과 배경을 연구하면서 본문의 핵심 메시지를 명확하게 파악합니다. 그리고 성도들의 상황과 필요를 고려하면서 오늘의 본문이 성도들의 삶에 어떻게 적용될지를 고민합니다. 설교 준비 과정에서 노트에 기도 제목과 깨달은 점을 기록하여, 말씀 선포 시 진솔한 고백으로 나누는 것도 바람직한 방안입니다. 설교의 구조를 '도입-전개-적용' 순으로 설계하면서, 자연스럽고 이해하기 쉬운 흐름이 되도록 설교문을 작성합니다.

설교문에 예화와 일상적 사례를 적절히 활용하면서 청중들의 공감대를 이끌어야 합니다. 말씀 선포 시 특정 부분에서 목소리 톤과 속도를 조절하면서, 은혜의 여운을 남길 수도 있어야 합니다. 무엇보다도 설교를 통해서 받은 은혜가 성도들이 한 주간을 신앙인답게 살아가는 원동력이 됨을 알아서, 기도하는 마음으로 말씀을 선포합니다.

설교를 마친 후에 성도들의 반응과 피드백을 듣고, 다음 설교를 위해서 겸손히 자기 점검을 이어가는 것도 설교자의 몫입니다. 설교자는 본인이 드러나는 것이 아니라 하나님의 은혜가 드러나도록 겸손하게 설교사역을 이루어가야 합니다.

'설교는 예배의 중심이다!' 이 사실 앞에서 설교자를 위해서 내가 할 수 있는 것에 무엇이 있을까요?

① 설교가 시작되기 전에 설교자를 위해서 기도한다.
② 설교 말씀에 집중하면서 경청한다.
③ 설교 후 받은 은혜를 다른 사람들과 나눈다.
④ 설교자가 설교를 준비할 시간을 존중한다.
⑤ 말씀을 삶에 적용함으로써 설교자의 수고를 헛되지 않게 한다.

6. 예배 인도자의 역할(Worship Leader's Role)

예배 인도자는 예배의 전체 흐름을 이끌어가는 사람입니다. 먼저 전체 예배 순서를 숙지하고, 말씀과 찬양과 기도가 자연스럽게 연결되도록 예배의 전체 구성을 점검합니다. 찬양곡은 교인들의 수준과 예배 주제에 맞는 곡을 미리 선정해서 연습해야 하고, 가사와 멜로디를 충분히 익힙니다. 예배가 시작되기 전에는 찬양팀과 함께 리허설을 하면서 음향과 마이크와 동선을 체크합니다.

예배 인도 시, 청중들이 예배에 집중할 수 있도록 경건하고 부드럽게 예배 분위기를 리드해 나갑니다. 또한 예배를 인도하는 중에 성령의 인도하심을 구하면서, 청중들의 영적 상태를 둘러봅니다. 찬양을 인도하던 중에 새로운 감동이 일어날 때는 타이밍을 보면서 찬양의 속도를 조절하거나 찬양을 반복하는 것도 예배를 풍성하게 하는 방안이 됩니다.

찬양이 끝나고 설교자의 말씀 선포 순서가 되었을 때, 청중들이 설교에 집중할 수 있도록 자연스럽게 분위기를 조성하는 것도 예배 인도자의 몫입니다. 예배를 마친 뒤에는 찬양팀과 함께 간단하게 피드백을 나누면서, 다음 예배를 위해서 개선점을 메모합니다. 예배 인도자는 청중들이 진정한 예배자로 세워지도록, 그들을 영적으로 돕고 섬기겠다는 마음가짐을 품어야 합니다.

다음 중 예배 인도자가 유념해야 하는 것은 무엇인가요?
  ① 성령의 인도하심을 구하는 겸손한 마음
  ② 강단에서 돋보이려는 자신감 있는 태도
  ③ 교인들을 즐겁게 하겠다는 마인드
  ④ 예배를 정해진 시간에 끝내겠다는 마음가짐
  ⑤ 자신이 좋아하는 곡 위주로 찬송가를 선택하는 것

7. 다양한 예배 형태(Various Worship Forms)

전통과 문화에 따라서 교회들은 다양한 예배 형태를 발전시켜 왔습니다. 다양한 예배의 공통적인 핵심은 '하나님을 높여드리는 것'에 있습니다.

전통 예배는 일반적으로 찬송가와 성경 봉독과 기도와 설교와 헌금과 축도의 구조로 이루어져 있습니다.

찬양 예배는 밴드 형태의 찬양 팀이 현대풍의 찬양곡을 인도하면서, 영상과 조명이 함께 어우러져 예배의 몰입감을 높인다는 특징을 갖습니다.

소그룹 예배는 10명에서 20명 내외가 드리는 소규모 모임의 예배로, 예배 중에 청중들끼리 더 친밀하게 교제할 수 있다는 특징을 갖습니다.

가정 예배는 가족이 한자리에 모여서 성경을 읽고 찬양하고 짧게 기도한 후에 간단하게 나눔을 갖는 형태의 예배입니다. 가정 예배는 가족들 모두가 예배 생활을 가까이하는 것에 목적을 둡니다.

침묵 예배는 예배 순서들 사이에 침묵하는 시간을 떼어놓는 형태를 갖습니다. 청중들 각자가 예배를 드리면서 하나님의 음성에 귀를 기울이는 것이 침묵 예배의 특징입니다.

성례 중심의 예배는 성찬식과 세례식이 포함된 예배입니다. 예배 시 청중들이 성례식에 참여하면서, 그리스도의 구속 사역을 기억하는 시간을 갖습니다.

예술 형태의 예배는 그림과 춤과 연극 등, 다양하게 예술 자료들을 활용해서 예배하는 형태를 취합니다. 예배 시간에 여러 가지 예술 자료들을 활용하면서, 하나님과 깊은 영적 교제를 갖는 것에 목적을 둡니다.

온라인 예배는 영상 스트리밍을 통해서 청중들이 언제 어디서나 쉽게 예배에 참여할 수 있다는 장점을 갖습니다.

교회는 예배를 풍성하게 기획하면서, 신앙 공동체를 다양하고 풍성하게 세워가야 합니다. 어떤 형태의 예배이든지 본질과 목적은 달라지지 않습니다. '하나님께 영광을 돌리고 성도들을 믿음으로 세우는 것!' 여기에 예배의 본질과 목적이 있습니다.

함께 나누어요 ❼

모든 예배 형태의 공통적인 핵심에 무엇이 있나요?
　① 하나님을 높여드리는 것
　② 성경 봉독 없이 진행하는 것

③ 음악과 조명 중심으로 예배드리는 것
④ 예배를 청중의 취향에 맞추는 것
⑤ 가능한 짧게 예배를 끝내는 것

8. 가정 예배(Family Worship)

예배를 교회에서뿐 아니라 가정에서도 드릴 수 있습니다. 가정 예배는 온 가족이 함께 하나님 앞에 모여서 신앙을 나누는 소중한 시간이 될 수 있습니다. 가족 구성원들의 바쁜 일정을 고려해서 일주일에 한 번 정도의 가정 예배를 드리는 것을 권합니다. 먼저 언제 예배를 드려야 하는지를 놓고 가족들과 함께 상의하십시오. 시간이 정해졌으면 부모님은 하루 전에 미리 자녀들에게 다음날 가정 예배를 드린다는 것을 알리셔도 좋습니다.

가정 예배 순서는 간단하게 '성경 읽기' ⇨ '찬양'(복음성가 또는 찬송가) ⇨ '기도' ⇨ '나눔' 순으로 구성할 수 있습니다. 성경 읽기는 예배 인도자가 짧은 본문을 미리 정해서 읽습니다. 본문을 읽은 후에 가족들과 본문이 갖는 의미를 살짝 나누어 봅니다. 찬양은 온 가족이 함께 부를 수 있는 찬양이어야 합니다. 함께 부르고 싶은 새로운 찬양이 있다면, 예배 전에 유튜브 워십 영상을 보면서 찬양을 미리 배워보는 시간을 갖는 것도 좋습니다. 기도 시간에는 가족들과 감사의 제목과 중보 기도 제목을 짧게 공유한 후에, 온 가족이 함께 기도합니다. 나눔 시간에는 읽은 말씀과 찬양 중 마음에 와닿은 부분을 자유롭게 이야기하고, 가정에서 실천할 한 가지를 정하시면 좋습니다.

가정 예배를 마친 후에는 함께 간단한 간식을 나누며, 자연스럽게 교제의 시간을 이어갑니다. 꾸준한 예배를 위해서, 가족 중에서 미리 다음 주 예배 인도자를 정합니다. 그렇게 가족들이 매주 돌아가며 예배를 인도한다면 더욱 풍성하게 가정 예배를 드리면서, 가정을 믿음의 공동체로 세워나갈 수 있을 것입니다.

가정 예배를 준비할 때 바람직한 것은 무엇인가요?

① 고정적으로 요일과 시간을 정해 놓는다.

② 주간의 일정을 보면서 그때그때마다 조율한다.

③ 주일 밤이 좋을 듯 하다. 왜? 주일 낮 예배의 은혜의 감동을 이어갈 수 있어서

④ 짧게 드리더라도, 규칙적으로 드리는 것이 중요하다.

⑤ 누구라도 쉽게 예배를 인도할 수 있도록 예배 순서를 단순화시킨다.

지금까지 신앙생활을 해 오던 중에 예배에 대한 나의 태도와 기대가 시간이 지나면서 어떻게 달라졌는지를 생각해 보시기 바랍니다.

지금까지 "예배"라는 주제로 성경 공부를 하였습니다. 성경 공부를 통해서 깨달은 점이나 마음에 남은 은혜나 새롭게 얻은 통찰을 간단하게 적어 보시기 바랍니다. 이 기록이 앞으로 하나님과 함께 걸어갈 믿음의 여정을 새롭게 준비하는 소중한 흔적이 될 것입니다.

예시

예배가 신자의 삶과 믿음의 전반을 하나님께 드리는 가장 깊은 신앙고백이 됨을 깨달았습니다. 준비된 예배와 회개의 기도와 영과 진리로 드리는 예배가 하나님께 얼마나 소중한지를 돌아보게 되었습니다. 성경 공부를 통해서 나에게 허락된 모든 자리에서 신실한 예배자로 살아갈 것을 다짐합니다.

성경 공부를 통해서 얻은 통찰 메모하기

1부

신앙생활의 씨앗

4과. 기도

4과. 기도

1. 기도의 신앙적인 의미와 중요성을 이해하도록 한다.
2. 바른 기도자의 자세와 기도의 순서를 배운다.
3. 기도를 통해 하나님의 뜻을 분별하고 순종하는 법을 배운다.
4. 하나님의 응답을 신뢰하며 끈질기게 기도하는 믿음을 갖도록 한다.

기도는 신자의 영적 호흡이라 불릴 만큼 신앙생활에 필수적인 요소입니다. 기도를 통해서 신자는 하나님과의 인격적인 교제를 이어가며, 하나님의 뜻을 분별하고 순종할 힘을 얻습니다. 기도는 인간의 한계를 고백하면서 하나님의 전능하심을 의지하는 신앙의 표현입니다. 성경의 인물들은 삶의 위기와 기쁨의 순간마다 하나님께 기도로 나아갔으며, 그 속에서 하나님의 응답과 위로를 경험했습니다. 오늘날 신앙인들에게도 기도는 무언가를 요청하는 것을 넘어서, 하나님과 함께 동행하는 삶의 방식입니다. 기도는 신자의 삶을 지탱하고 교회를 세워가는 근본적인 토대가 됩니다. "너희 중에 누구든지 지혜가 부족하거든 모든 사람에게 후히 주시고 꾸짖지 아니하시는 하나님께 구하라 그리하면 주시리라"(약 1:5).

1. 기도가 무엇인가?(Prayer)

기도는 아버지 하나님과 마음을 열고 이야기하는 시간입니다. 신자는 기도의 자리를 찾아서 하나님과 대화하는 중에 하나님의 사랑과 위로를 경험합니다. 때때로 기도 중에 하나님의 평강이 가슴에 깊게 자리할 때도 있습니다. 이 평강은 삶의 어려움 속에서도 신자를 붙들어주는 하늘의 신령한 선물입니다.

기도는 나의 아버지 되시는 하나님과 나누는 친밀한 교제입니다. 신자는 예수님의 이름으로 하나님 아버지께 기도로 나아갈 수 있는 특권을 가졌습니다. 그리스도를 믿는 믿음으로 인해서 신자는 언제든지 은혜의 보좌 앞으로 나아갈 수 있습니다. 따라서 특별한 시간에만 기도하는 것이 아니라, 일상 중에 언제든지 하나님을 찾으면서 기도할 수 있습니다.

기도는 영혼의 호흡입니다. 영적인 생명을 유지하고 자라게 만드는 통로입니다. 기도 없이는 하나님과 깊은 교제 속으로 들어갈 수 없습니다. 기도를 통해서 신자는 하나님의 은혜 안에서 날마다 새 힘을 얻으면서 성숙한 믿음으로 자라갑니다.

신자가 기도할 수 있는 특권의 근거가 무엇인가요?
① 예수님의 이름으로 은혜의 보좌 앞으로 나아갈 수 있기 때문에
② 교회 직분을 가지고 있기 때문에
③ 성경을 많이 읽었기 때문에
④ 기도문을 외웠기 때문에
⑤ 신앙생활을 오래 하면서 기도하는 것이 습관이 됐기 때문에

2. 기도자의 자세(Attitude)

기도자는 하나님을 찾는 자답게 자신을 낮추고 겸손하게 무릎을 꿇어야 합니다. 참된 기도는 내가 처한 문제보다 하나님을 크게 보면서 그분의 얼굴을 구하는 마음가짐에서 시작됩니다. 기도자는 염려 대신 그 마음을 신뢰로 채우면서, 모든 것을 하나님께 아뢸 수 있습니다. "아무 것도 염려하지 말고 다만 모든 일에 기도와 간구로, 너희 구할 것을 감사함으로 하나님께 아뢰라"(빌 4:6). 신자가 이렇게 감사하면서 기도할 수 있는 이유는 하나님의 선

하심을 확신하는 믿음이 있기 때문입니다. 나아가서 죄를 돌아보는 회개의
결단이 있을 때, 그 기도는 능력 있는 기도가 됩니다.

인내도 기도자에게 필수적으로 요청되는 자세입니다. 기도자는 조급한 마
음을 버리고 꾸준하게 기도의 자리를 찾아야 합니다. 기도는 일방적인 말하
기가 아니라, 성령을 통해서 들려오는 하나님의 음성을 경청하는 시간입니
다. 기도 중에 받은 깨달음을 순종으로 옮길 때, 그 기도는 믿음의 실천이 됩
니다.

기도자는 자신의 필요를 하나님께 아뢸 수 있습니다. 나아가서 지평을 넓
히면서 교회와 이웃과 사회와 나라와 인류를 위해서 기도해야 합니다. 하나
님께서 신실하신 분이심을 확신하면서 소망 가운데 기도할 때, 하나님께서
그 기도를 들으십니다. 들으시면서 하늘의 평강으로 기도하는 이의 심령을
채워주십니다.

다음 중 바람직한 기도의 출발점으로 알맞은 것은 무엇인가요?
　① 내가 처한 문제를 크게 보는 것
　② 하나님을 크게 보면서 그분의 얼굴을 구하는 마음
　③ 내 감정에 따라서 즉흥적으로 기도하는 것
　④ 원하는 것을 먼저 나열하는 것
　⑤ 다른 사람의 기도를 흉내 내는 것

3. 기도의 순서(Order of Prayer)

먼저 하나님을 찬양하면서, 그분의 사랑과 전능하심을 고백하는 내용으로
기도를 시작합니다. 이어서 내가 삶 가운데 지은 죄를 솔직하게 인정하고 시
인하면서, 회개의 고백을 올려 드립니다. 회개의 고백 후에는 하나님께서 베

푸신 은혜와 인도하심을 되새기며 감사의 고백을 올려드립니다. 감사의 고백은 하나님께서 베풀어 주신 은혜에 대한 감사의 기도입니다.

이후부터는 나의 필요와 바람을 하나님께 솔직하게 아뢰면서 간구합니다. 개인 기도가 끝났으면, 이제부터 교회와 믿음의 동료들과 이웃과 나라를 위해서 기도합니다('중보기도'). 중보기도를 하는 중에 하나님께서 주신 여러 생각들을 마음에 담아 놓는 것도 좋습니다. 소리 내서 기도하는 중에 잠시 침묵의 시간을 가지면서, 하나님의 음성을 듣는 멈춤의 시간을 갖는다면, 이미 성숙한 기도의 반열에 올라선 것입니다.

기도를 마무리할 때는 지금까지 올려드린 나의 기도가 '예수님의 이름으로 하나님께 아뢴 것임'을 선언하면서 기도를 마칩니다. "예수님의 이름으로 기도하옵나이다. 아멘." 기도를 마친 후에 신앙인들은 하나님의 인도하심을 신뢰하면서 일상 속으로 나아갑니다.

다음 중 기도 중간에 침묵하는 시간이 주는 유익으로 알맞은 것은 무엇인가요?
① 하나님의 음성을 세미하게 들을 수 있다.
② 기도 시간을 늘릴 수 있다.
③ 나의 생각을 정리할 수 있다.
④ 주변 상황이 어떤지를 살필 수 있다.
⑤ 기도하다가 잠시 휴식을 취할 수 있다.

4. 기도의 모범, 주기도문(The Lord's Prayer)

"하늘에 계신 우리 아버지"는 하늘에 계신 하나님이 우리를 자녀 삼아주시고 사랑으로 돌보시는 분임을 나타냅니다.

“아버지의 이름을 거룩하게 하시며”는 하나님께서 거룩하신 분이심을 인정하면서, 모든 말과 행동으로 그분의 이름을 존귀하게 세우게 되기를 소망하는 고백입니다.

“아버지의 나라가 오게 하시며”는 하나님의 통치가 이 땅 위에 온전히 이루어져서, 이 세계가 정의와 평화가 넘치게 되기를 바라는 고백입니다.

“아버지의 뜻이 하늘에서와 같이 땅에서도 이루어지게 하소서”는 우리의 삶이 하나님의 선하시고 온전하신 뜻에 순종하게 되기를 구하는 고백입니다.

“오늘 우리에게 일용할 양식을 주시고”는 생계를 위해서 필요한 것들을 매일 하나님께서 주실 것을 신뢰하며 살아가겠다는 신뢰의 고백입니다.

“우리가 우리에게 잘못한 사람을 용서하여 준 것 같이”는 우리가 하나님께 받은 용서를 기억하면서, 다른 사람에게도 관대함과 자비를 베푸는 삶을 살겠다는 다짐입니다.

“우리 죄를 용서하여 주시고”는 하나님의 용서로 우리의 죄가 깨끗이 제거되기를 바라는 고백입니다.

“우리를 시험에 빠지지 않게 하시고”는 시험과 유혹에서 보호해 주셔서, 우리의 믿음이 흔들리지 않게 지켜 달라는 간청입니다.

“악에서 구하옵소서”는 세상의 악한 세력과 죄의 권세로부터 지켜주셔서, 안전하게 하나님과 동행하면서 살아가게 해 달라는 간청입니다.

“나라와 권세와 영광이 영원히 아버지의 것입니다 아멘”은 모든 영광이 하나님께 속했음을 선언하면서, 믿음의 확신 속에서 기도를 마무리하는 선언입니다.

5. 말씀을 활용한 기도(Scripture-Based Prayer)

말씀을 활용한 기도는 신자로 하여금 말씀 안에서 기도의 방향을 찾도록 도와줍니다. 시편 23편을 읽은 후에 "여호와는 나의 목자시니 내게 부족함이 없으리로다"(시 23:1)를 인용하면서, 하나님의 인도하심을 신뢰하면서 기도합니다. 이사야 40장 31절의 "오직 여호와를 앙망하는 자는 새 힘을 얻으리니…" 이 구절을 머릿속에 담고 기도하는 중에 "하나님! 저의 힘이 되어 주십시오"라고 간구합니다. 빌립보서 4장 6절의 "아무 것도 염려하지 말고 다만 기도와 간구로…" 이 말씀에 따라서, 나를 염려케 하는 문제들을 하나님께 내어 맡겨드립니다.

여호수아 1장 9절의 "강하고 담대하라"를 암송하면서, 두려움 앞에서 하나님의 약속을 의지하는 기도를 드립니다. 시편 51편 10절에 다윗의 회개 기도를 읽고 "내 안에 정직한 영을 새롭게 하소서"를 반복해서 고백하면서 나의 죄를 회개합니다. 에베소서 3장 16절의 "그 영광의 풍성함을 따라 그의 성령으로 말미암아"를 인용하면서, 성령의 충만함을 구하는 기도를 올려 드립니다.

말씀을 인용하면서 그 내용을 기도문으로 옮길 때마다 '말씀을 활용한 기도가 나의 삶을 어떻게 이끌었는지'를 짧게 메모합니다. 그렇게 작은 기록이 쌓이면, 말씀과 기도가 짜임새 있게 어우러지면서 신자의 삶을 견고히 붙드는 영적 자산이 됩니다. 말씀을 활용하면서 꾸준하게 기도를 하면, 말씀과 기도가 분리되지 않고 하나님의 음성 가운데 주어진 삶을 살아가게 됩니다.

말씀을 활용한 기도의 장점이 무엇인가요?
① 말씀 안에서 기도의 방향을 찾을 수 있다.
② 하나님의 뜻에 맞는 기도를 드릴 수 있다.
③ 하나님 앞에서 암송 실력을 자랑할 수 있다.
④ 말씀을 삶에 깊이 적용할 수 있다.
⑤ 기도 중 말씀을 되새기며 은혜를 깊이 누릴 수 있다.

6. 중보 기도(Prayer of Intercession)

중보 기도는 나 자신을 넘어서 다른 사람을 위해서 하나님께 간구하는 기도입니다. 먼저 중보 대상들('가족', '이웃', '교회', '사회', '국가', '인류' 등)을 리스트에 적고, 각각의 필요가 무엇인지를 구체적으로 떠올립니다. 예를 들면 '아버지의 건강 회복을 위해서' 또는 '친구가 직장을 구하도록' 등의 구체적인 기도 제목을 정합니다. 성경 인물 중에는 다니엘의 기도가 대표적입니다. 다니엘이 간절한 마음으로 '이스라엘을 대신해서' 기도했던 모습을 묵상하면, 중보 기도에 도움이 됩니다.

매주 중보 기도 시간을 정하고 소그룹으로 모여서, 각자의 기도 제목을 공유하면서 기도합니다. 기도 노트에 중보기도 제목을 기록하고, 응답을 경험할 때마다 날짜와 감사 제목을 적습니다. 중보 기도는 반복과 인내가 중요하므로, 같은 제목을 놓고 한 달 이상 지속해서 기도합니다. 기도하는 중에 조용히 하나님의 음성에 귀를 기울이면서, 중보 기도 대상자에게 주신 메시지가 무엇인지를 체크하는 것도 필요합니다. 중보 기도를 통해서 신앙인들은 자신의 시선과 관심의 영역을 넓게 확장시켜 갑니다. 시선과 관심이 넓게 확장되는 만큼 기도하는 당사자의 믿음도 넓어지고 깊어집니다.

중보 기도를 통해서 얻게 되는 유익이 무엇인가요?
① 나의 시선과 관심의 영역이 넓어지고 믿음이 깊어진다.
② 나 자신에 대한 관심이 줄어든다.
③ 기도 시간을 늘릴 수 있다.
④ 상대에 대해서 관심을 갖게 된다.
⑤ 나를 위한 기도의 의미는 희미해질 수밖에 없다.

7. 끈질긴 기도(Persistent Prayer)

끈질긴 기도는 하나님의 응답을 확신하면서 포기하지 않고 계속 간구하는 기도입니다. 예수님도 재판관의 비유에서(눅 18장), 불의한 재판관 앞에서 끈질기게 간구한 과부가 결국 원하는 것을 얻었다고 말씀하셨습니다. 끈질긴 기도는 하나님께서 일하실 때까지 마음을 다해서 반복해서 아뢰는 간구입니다.

기도 노트에 같은 기도 제목을 며칠씩 이어 적으면서 "하나님, 이 문제를 주님 손에 맡겨드립니다"라고 써 보시기 바랍니다. 기도하는 중에 의문이 생길 때는 "하나님, 제가 하나님의 응답을 기다리는 동안에 무엇을 해야 되겠습니까"라고 물으면서, 기다림의 의미를 묵상하는 것도 필요합니다. 씨앗을 심고 물을 주며 싹이 트기까지 매일 식물을 돌보는 것처럼, 나의 기도 제목에 지속적인 관심을 기울입니다.

기도하다 지칠 때는 시편 25편 5절 하반절의 "…주는 내 구원의 하나님이

시니 내가 종일 주를 바라나이다"의 구절을 암송하면서 다시금 간구를 이어갑니다. 또한 소그룹의 지체들과 같은 기도 제목을 정해서 기도하면서, 서로의 기도가 끈을 이어주는 연합의 힘을 경험하는 것도 유익합니다. 그러면 소그룹 지체들의 끈질긴 기도를 통해서 공동체의 믿음을 세워가시는 하나님의 크신 역사를 경험하게 됩니다.

소그룹에서 끈질긴 기도를 함께 드릴 때 얻는 유익은 무엇일까요?
① 연합의 힘을 경험하고 공동체의 믿음을 세우는 것
② 기도 부담을 줄일 수 있는 것
③ 다른 사람의 기도 습관을 관찰할 수 있는 것
④ 개인 기도의 필요가 줄어드는 것
⑤ 기도 시간을 늘릴 수 있는 것

8. 금식 기도(Fasting Prayer)

금식 기도는 음식을 절제하면서 일정 기간을 기도에 집중하는 영적 훈련입니다. 예수님께서 광야에서 40일 금식하시며 기도하신 본을 따라서(마 4:1-11), 신앙인들도 금식을 하면서 기도에 집중할 수 있습니다. 금식의 목적은 단지 배고픔을 견디는 데에 있지 않습니다. 몸의 욕구를 줄이고 영에 더 민감해지는 것에 목적이 있습니다. 하루 동안 물만 마시는 정도의 단식이나 하루 세끼의 단식부터 시작하는 것이 바람직합니다. 금식 전날에는 가벼운 식사로 위장을 준비하고, 물을 충분히 섭취하며 수분 부족을 예방합니다. 금식하는 동안 정해진 시간에 기도하거나 말씀 묵상에 더 많은 시간을 할애합니다.

기도 노트에 금식하는 중에 느낀 생각과 깨달음을 기록하면, 금식 후에 하나님께서 열매로 주신 것들을 확인할 수 있습니다. 금식 중 어지럼증이나 탈

수 증상이 나타나면 즉시 물을 마셔야 됩니다. 필요하면 음식을 소량으로 섭취해서 건강을 지켜야 할 수도 있습니다. 금식을 마친 후에는 부드러운 죽 같은 것을 먹습니다. 금식 기도는 일상의 필요를 절제하는 중에 하나님의 응답과 인도하심을 구하는 귀한 영적 여정입니다.

9. 응답받는 기도(Answered Prayer)

응답받는 기도는 하나님께서 나의 간구에 귀를 기울이시고 역사하신다는 신뢰 위에서 드리는 기도입니다. 기도 제목을 구체적으로 명확히 적어두면, 나중에 응답받은 순간을 분별하기 쉽습니다. '하나님, 지금 아뢰는 이것이 하나님의 뜻에 합당합니까'를 물으면서, 하나님의 뜻에 따라서 기도해야 합니다. 약속으로 주신 말씀을 인용하면서(막 11:24), 하나님께서 약속하신 대로 응답하시는 분이심을 믿고 아룁니다. 믿음은 보지 못한 것을 바라는 행위이므로, 기도 후에도 확신을 잃지 않고 마음의 평안을 지키는 것이 중요합니다. "만일 우리가 보지 못하는 것을 바라면 참음으로 기다릴지니라"(롬 8:25).

기도 노트에 하나님의 응답을 기대하면서 기도 날짜와 요청 사항을 기록하고, 하나님께서 역사하시는 과정을 주의 깊게 관찰합니다. 간절함과 더불어서 하나님의 타이밍을 신뢰하며 인내하면서 기다리는 것이 응답받는 기도의 핵심입니다(벧전 5:7). 기도하는 중에 '하나님, 당신의 뜻을 가르쳐 주십시오'라고 구하면, 하나님께서 나의 기대와 다르게 역사하시는 경험을 할 수도 있습니다. 그럴 때 신자는 하나님의 뜻이 나의 생각보다 더 크고 선하심을 깨닫게 됩니다. 하나님의 신실하심에 감사하면서 찬양으로 기도를 마칩니다.

함께 나누어요 ❾

응답받는 기도에서 중요한 태도는 무엇일까요?
　① 기도 후에도 확신을 잃지 않고 평안을 지키는 것
　② 응답이 없으면 실망하는 것
　③ 매일 같은 말만 반복하는 것
　④ 조급하게 결과를 재촉하는 것
　⑤ 내 뜻이 관철될 때까지 기도하는 것

함께 나누어요 ❿

지금까지 기도를 통해서 나와 하나님 사이에 친밀함이 얼마나 깊어졌는지를 돌아보시기 바랍니다.

지금까지 "기도"라는 주제로 성경 공부를 하였습니다. 성경 공부를 통해서 깨달은 점이나 마음에 남은 은혜나 새롭게 얻은 통찰을 간단하게 적어 보시기 바랍니다. 이 기록이 앞으로 하나님과 함께 걸어갈 믿음의 여정을 새롭게 준비하는 소중한 흔적이 될 것입니다.

예시

성경 공부를 통해서 기도가 하나님과 나 사이의 인격적인 교제임을 알 수 있었습니다. 특히 말씀을 붙들고 드리는 기도와 중보기도와 끈질긴 기도의 의미를 대하면서, 기도의 지경이 넓어졌습니다. 일상 속의 모든 순간을 기도의 자리로 삼아서, 하나님의 뜻을 더 깊이 분별하면서 살아가고 싶다는 마음이 들었습니다.

성경 공부 시리즈 믿음의 나무 1

2부

인간과
하나님의 연민

5과. 인간

5과. 인간

1. 인간이 하나님의 형상대로 창조된 존귀한 존재임을 알도록 한다.
2. 인간의 삶의 목적이 하나님께 영광을 돌리는 데 있음을 배운다.
3. 자유의지와 책임을 지닌 존재로서 선택의 중요성을 인식하게 한다.
4. 나의 죄와 연약함이 하나님의 은혜로 회복될 수 있음을 깨닫게 한다.

인간은 누구인가? 인간은 왜 존재하는가? 이 물음은 인류 역사 속에서 가장 오래된 물음 가운데 하나입니다. 성경은 인간을 우연한 산물이 아니라 하나님의 형상대로 지음을 받은 특별한 존재로 선언합니다(창 1:27). 인간은 자유의지를 가진 존재로서, 자신의 선택에 대해서 책임을 지는 존재입니다. 그러나 이렇게 자신의 고귀한 존재 목적을 가짐에도 불구하고, 실제 인간의 삶은 언제나 이상과 거리가 있음을 성경은 보여줍니다. 성경은 모든 인간이 죄 가운데 놓여 있으며, 그로 인해 하나님의 형상을 온전히 드러내지 못한다고 가르칩니다. 그렇기에 인간은 죄의 문제를 해결하고 하나님의 형상을 회복해야 할 과제를 갖습니다. 이 과제 앞에서 인간은 자신이 한계를 지님을 인정하고, 하나님을 찾아야 합니다. 자신의 한계와 연약함을 인정하면서 하나님 안에서 그 목적과 의미를 발견할 때, 비로소 참된 인간다움을 회복할 수 있습니다.

1. 하나님의 형상으로 지음받은 인간(Image of God)

하나님은 인간을 창조하실 때 '하나님의 형상'대로 만드셨습니다. "27 하나님이 자기 형상 곧 하나님의 형상대로 사람을 창조하시되 남자와 여자를 창조하시고 28 하나님이 그들에게 복을 주시며 하나님이 그들에게 이르시되

생육하고 번성하여 땅에 충만하라, 땅을 정복하라, 바다의 물고기와 하늘의 새와 땅에 움직이는 모든 생물을 다스리라 하시니라"(창 1:27-28). 이 말씀은 인간이 단순한 피조물이 아니라, 하나님의 성품과 가치를 반영하는 특별한 존재임을 의미합니다. 하나님의 형상대로 지음을 받은 인간은 이성적 사고와 도덕적 판단 능력을 부여받아서, 선악을 분간하는 능력이 있습니다. 또한 인간은 다른 존재들과 관계를 맺는 존재로서, 하나님과 교제하기도 하고 서로 사랑하고 존중하면서 공동체를 이루기도 합니다. 하나님의 형상 개념은 하나님의 창조 목적인 '하나님을 영화롭게 하는 삶의 토대'가 됩니다.

하나님의 형상으로 지음을 받은 인간은 고귀한 가치를 지닌 존재입니다. 그러나 죄가 들어오면서 하나님의 형상이 훼손되었고, 인간은 본래의 목적을 잃어버리게 되었습니다. 그런데 예수 그리스도를 통해서 하나님의 형상이 회복될 수 있는 소망이 인간에게 주어졌습니다. 거듭남을 통해서 인간은 다시 하나님의 형상을 회복하며, 하나님의 사랑과 선함을 삶으로 실천하게 됩니다.

함께 나누어요 ❶

'나는 하나님의 형상대로 지음을 받았다!' 언제 이 사실을 강하게 느끼나요?
① 내가 누군가에게 진심 어린 사랑이나 용서를 전할 때
② 양심에 따라서 옳고 그름을 고민하고 선택할 때
③ 예배 중 하나님과 깊이 교감할 때
④ 공동체 안에서 서로의 가치를 존중하고 세워줄 때
⑤ 솔직히 잘 느끼지 못한다. 나의 정체성을 다시 확인하고 싶다.

함께 나누어요 ❷

'나는 하나님의 형상으로 지음을 받았다!' 이 진술은 나의 정체성의 토대가 됩니다. 이 정체성을 가슴에 품고 살아갈 때, 내 삶의 자리(교회, 직장, 가정, 학교 등)에 어떤 변화가 생길까요?

2. 인간의 삶의 목적(Purpose of Life)

인간의 삶의 목적은 하나님을 영화롭게 하고 그분과 교제하는 데 있습니다. "내 이름으로 불려지는 모든 자 곧 내가 내 영광을 위하여 창조한 자를 오게 하라 그를 내가 지었고 그를 내가 만들었느니라"(사 43:7). 본래 하나님의 형상대로 지음을 받은 인간은 창조주 하나님과 친밀한 관계를 누리도록 부르심을 받은 존재입니다. 또한 예수님의 '지상명령'(至上命令)에 따라서 (마 28:19-20), 세상에 복음을 전하면서 다른 이들을 예수님의 제자로 삼는 일도 중요한 삶의 목적입니다.

나아가서 하나님의 사랑을 경험한 사람은 이웃을 향한 섬김으로 그 사랑을 확장합니다(요 13:34-35). 삶의 모든 영역(일터, 가정, 교회, 사회 등)에서 하나님 나라의 가치인 사랑과 정의를 구현하는 일에 최선을 다합니다. 하나님이 주신 달란트와 은사를 내가 속한 공동체에서 서로를 세우고 섬기는 도구로 사용합니다(롬 12:4-8). 고난과 시련이 찾아와도 하나님의 선하심을 찬양하고 인내하면서, 믿음을 잃지 않습니다. 일상의 모든 순간에 감사와 찬양을 통해서 하나님께 영광을 돌리는 삶을 자신의 목적으로 삼습니다.

인간의 삶은 하나님에서 시작되어서 하나님께 돌아가는 여정입니다. 하나님의 사랑을 경험하고 나누고 베풀면서, 앞을 향해 나아가는 영적 여정입니다. 이 목적에 따라서 살아갈 때 주님께서 주시는 참된 만족과 기쁨을 경험할 수 있습니다.

> **함께 나누어요 ❸**
>
> **성경이 말하는 인간 삶의 궁극적 목적이 무엇인가요?**
> ① 하나님을 영화롭게 하고 그분과 교제하는 것
> ② 물질적 성공과 명예를 쌓는 것
> ③ 나만의 행복을 추구하는 것
> ④ 사회적 영향력을 넓히는 것
> ⑤ 규칙적으로 종교 행사에 참석하는 것

내가 받은 은사와 달란트를 사용할 수 있는 곳이 어디일까요?
① 가정 - 가족을 사랑과 말씀으로 세우는 것
② 교회 - 맡겨진 사역과 봉사에 충실한 것
③ 일터 - 성실과 정직으로 하나님 나라의 가치를 드러내는 것
④ 사회 - 정의와 사랑을 실천하며 이웃을 섬기는 것
⑤ 모든 삶의 영역 - 구분하지 않고 일상 전체를 하나님께 드리는 것

3. 인간의 자유의지와 책임(Free Will and Responsibility)

하나님은 인간을 자유의지를 가진 존재로 만드셨습니다. 자유의지는 인간이 하나님께 순종하는 것을 선택하거나 불순종하는 것을 선택할 수 있는 인간 고유의 특성을 가리킵니다. 창세기 2장은 하나님께서 선악과를 주시면서 인간의 선택을 시험하신 것을 소개합니다. 여기에 인간 자유의지의 본질이 담겨 있습니다. 인간 자유의지는 선택과 책임을 포함하는 본질을 가지고 있습니다. 자유의지를 행사하면서 살아가는 인간은 자신의 선택에 대해서 책임을 져야 합니다. 올바른 선택에는 보상과 보람이 따르고, 잘못된 선택에는 그에 맞는 대가가 따릅니다.

인간은 하나님께서 허락하신 자유의지를 매일의 삶에서 지혜롭게 사용해야 합니다. 자유의지는 단순한 권리가 아니라, 선택과 책임을 동반하는 귀한 도구입니다. 인간은 하나님의 뜻을 구하며 그분의 길을 따라가겠다는 선택을 해야 합니다. 그럴 때 그 선택을 하나님께서 기뻐 받으시며 사랑으로 인도하십니다. 혹시 잘못을 범하더라도 회개하고 돌이키면 하나님의 용서와 회복을 경험할 수 있습니다. 더 나아가 책임 있는 자유의지는 이웃을 사랑하고 공동체를 세우는 삶의 도구로 쓰임받아야 하며, 궁극적으로는 하나님 나라를 확장하는 데 사용되어야 합니다. '매일의 선택 속에서 하나님께 영광 돌리기 위해 자유의지를 지혜롭게 사용해야 하는 존재!' 바로 '나 자신'입니다.

4. 죄인으로서의 인간(Sinners)

지금까지 인간의 긍정적인 측면을 소개했습니다. 이제부터는 인간의 부정적인 측면을 소개하려고 합니다. 하나님의 거룩하심 앞에서 모든 인간은 죄인입니다. 성경은 인간의 마음이 죄의 근원이 됨을 말씀하고 있습니다. "만물보다 거짓되고 심히 부패한 것은 마음이라 누가 능히 이를 알리요마는"(렘 17:9). 아담과 하와의 불순종으로 초래된 원죄가 모든 사람들에게 전해졌기에, 인간은 태어날 때부터 죄성을 지니고 태어났습니다. "한 사람으로 말미암아 죄가 세상에 들어오고 죄로 말미암아 사망이 들어왔나니 이와 같이 모든 사람이 죄를 지었으므로 사망이 모든 사람에게 이르렀느니라"(롬 5:12).

죄는 하나님과의 관계를 단절시키고, 그 내면에는 상처를 가져오고 외적으로는 파괴를 낳습니다. 인간 스스로의 노력만으로는 죄의 문제를 해결할 수 없기에, 인간은 불가피하게 하나님의 은혜가 필요한 존재입니다.

③ 착한 마음으로는 죄를 덮을 수 없기 때문에

④ 아담 이후 모든 사람이 죄 아래서 태어났기 때문에

⑤ 하나님이 죄를 중요하게 여기시기 때문에

5. 하나님의 형상을 회복해야 하는 인간(Restoration)

본래 인간이 지니고 있던 하나님의 형상이 죄로 인해서 훼손되었습니다. 죄의 결과로 인간과 하나님과의 교제에 단절이 오면서, 하나님의 선함과 거룩함이 왜곡되었습니다. 그러면서 인간은 죄에 영향을 받는 존재가 되었습니다. 하지만 예수 그리스도의 십자가 대속 사역을 통해서 깨어진 하나님의 형상이 다시 회복되는 길이 열렸습니다. 이때 하나님의 형상의 회복은 단순한 도덕적 변화를 의미하지 않습니다. 이 형상의 회복은 성령님께서 우리 속에 새 생명을 불어넣으실 때 시작됩니다(엡 2:4-5). 이 시작을 '거듭남'('하나님 안에서 새롭게 태어남')이라고 칭합니다. 거듭남을 통해서 인간은 다시금 하나님과의 사귐 속에서 그분을 닮아가는 여정에 들어서며, 마음과 행동까지도 점차적으로 변화가 됩니다.

이 회복의 구심점에 무엇이 있을까요? 말씀과 기도와 사랑과 섬김이 있습니다. 말씀을 묵상하고 기도하면서, 인간은 하나님 형상의 회복을 체득하게 됩니다. 공동체 안에서 서로를 격려하고 사랑으로 돌보면서, 하나님 형상 회복의 실제적 경험을 공동체적으로 체득할 수도 있습니다. 더 나아가서 회복된 하나님의 형상은 이웃을 향한 연민과 섬김으로 구체화 됩니다. 하나님의 형상이 회복된 사람은 새롭게 주어진 삶의 목적을 이루기 위해서 날마다 기쁘게 주님과 동행하는 삶을 살아갑니다.

함께 나누어요 ❼

하나님의 형상이 회복된 사람의 삶에 어떤 열매들이 나타날까요?

① 이웃을 향한 연민과 섬김
② 자기중심적인 태도
③ 권력과 명예 추구
④ 경쟁심과 질투
⑤ 무관심과 외면

6. 어떻게 죄의 문제를 해결할 수 있는가?(Matter of Sin)

인간의 죄의 문제는 오직 예수 그리스도의 대속 사역을 통해서만 해결될 수 있습니다. 예수님께서 우리의 죄를 대신해서 담당하시면서 십자가에서 속죄 제물이 되셨습니다(히 10:10). 죄의 문제를 해결하기 위해서는, 먼저 내가 죄인인 것을 인정하고 하나님 앞에서 진심으로 회개해야 합니다. 회개는 지금까지의 잘못된 길에서 돌이켜서, 새롭게 하나님의 뜻을 따르는 삶을 살겠다는 결단입니다. 회개한 사람은 예수님께서 나의 구주가 되심을 믿고, 그분의 의가 나의 의가 됐음을 받아들입니다. 이 순간이 내가 믿음을 갖게 되는 순간입니다. 이 믿음을 통해서 하나님께 의롭다고 인정을 받을 때, 죄의 문제가 해결됩니다. 죄에서 자유함을 누리게 된 것입니다.

성령님께서는 죄의 문제가 해결된 신자 안에 거하시면서, 날마다 죄로부터 벗어나서 하나님의 형상을 닮아가도록 내 삶을 인도하십니다(갈 5:16). 죄의 문제가 해결된 신자는 지속적으로 하나님을 찾으면서 죄를 이기는 능력을 배워갑니다.

나의 죄의 문제를 해결하는 첫걸음에 무엇이 있습니까? 내가 하나님 앞에서 죄인이라는 자각이 있습니다. 무엇보다 먼저 하나님 앞에서 내가 죄인임을 인정해야 합니다.

함께 나누어요 ⑧

7. 인간의 연약함(Frailty of Human)

인간은 죄로 인해서 하나님의 형상을 상실한 채, 육체적이고 정신적이며 영적인 연약함 속에서 살아가는 존재가 되었습니다. 시편 기자는 인간의 연약함을 다음과 같이 묘사합니다. "인생은 그날이 풀과 같으며 그 영화가 들의 꽃과 같도다"(시 103:15). 연약함으로 인해서 인간은 육체적인 질병을 경험하기도 하고, 정신적인 어려움을 경험하기도 합니다. 이러한 여러 어려움들을 스스로 극복하려고 하지만, 인간 스스로의 힘으로는 결코 극복할 수 없습니다. 이 어려움을 극복케 하시는 분은 하나님이십니다. 하나님만이 인간의 연약함을 아셔서, 우리의 연약함을 강함으로 바꾸시는 분입니다.

나의 연약함을 겸손하게 인정하면서 하나님께 도움을 구할 때, 그분께서 나의 부르짖음을 들으시고 도움의 손길을 베푸십니다. 그때 비로소 인간은 진정한 소망이 하나님께 있음을 깨닫게 됩니다. 나 자신에게서 하나님께로 시선을 돌릴 때, 그 시선이 나로 하여금 하나님의 인도하심을 경험케 하는 통로가 됩니다. 나의 연약함은 나로 하여금 하나님을 찾게 만드는 은혜의 통로입니다.

① 육체적인 피로와 질병으로 인한 어려움

② 감정 기복이나 정신적인 번아웃

③ 유혹에 흔들리는 나약한 마음

④ 관계 안에서의 미숙함과 상처

⑤ 겉으로는 멀쩡해 보이지만, 그 내면에 공허함과 무기력함이 있는 것

함께 나누어요 ⑩

나의 연약함을 인정할 때 생기는 영적 유익은 무엇인가요?

① 하나님께 도움을 구하게 된다.

② 다른 사람을 의지하게 된다.

③ 다른 사람이 나를 도와준다.

④ 하나님 앞에서 겸손한 마음을 갖게 된다.

⑤ 하나님의 은혜가 내 삶에 더욱 크게 임하게 된다.

함께 나누어요 ⑪

어떤 순간에 '하나님의 은혜 없이는 설 수 없다'는 고백이 나에게 절실해지나요?

지금까지 "인간"이라는 주제로 성경 공부를 하였습니다. 성경 공부를 통해서 깨달은 점이나 마음에 남은 은혜나 새롭게 얻은 통찰을 간단하게 적어 보시기 바랍니다. 이 기록이 앞으로 하나님과 함께 걸어갈 믿음의 여정을 새롭게 준비하는 소중한 흔적이 될 것입니다.

예시

성경 공부를 통해서 '하나님의 형상'을 회복하며 살아야 함을 느꼈습니다. 그리고 오직 예수 그리스도를 통해서만 진정한 회복과 구원이 가능하다는 복음의 중심 진리를 붙들게 되었습니다. 이제는 매일의 선택과 삶의 자리에서 하나님을 영화롭게 하며, 주어진 자유의지와 은사를 책임 있게 사용하겠노라고 다짐해 봅니다.

2부

인간과
하나님의 연민

6과. 하나님의 연민

6과. 하나님의 연민

인간은 스스로의 힘으로 자신의 죄와 연약함을 해결할 수 없습니다. 성경은 그런 인간을 향해서 하나님께서 보여주시는 깊은 연민(compassion)을 반복해서 소개합니다. 하나님께서는 당신의 연민을 죄인을 용서하시고 화해를 이루시는 능동적인 사랑으로 나타내셨습니다. 하나님의 능동적인 사랑의 절정에 그리스도의 십자가가 있습니다. 예수님께서 십자가에서 대속의 사역을 이루시면서, 하나님께 나아가는 길이 되어 주셨습니다. 하나님의 연민은 죄인을 구원하기 위해서 역사하시는 실제적인 사랑입니다. 그 사랑은 우리의 상처와 눈물을 품고, 새로운 삶을 시작할 용기를 갖도록 합니다. 신앙인들은 언제나 십자가에 나타난 하나님의 연민을 기억하면서, 하나님께 감사와 순종의 삶으로 응답해야 합니다. "13 아버지가 자식을 긍휼히 여김 같이 여호와께서는 자기를 경외하는 자를 긍휼히 여기시나니 14 이는 그가 우리의 체질을 아시며 우리가 단지 먼지뿐임을 기억하심이로다"(시편 103:13-14).

1. 인간의 무능함(Inability of Human)

인간은 잃어버린 하나님의 형상을 회복하는 데에 무능한 존재입니다. 죄에 영향을 받기 때문에 선한 의도를 품다가도 쉽게 넘어지면서 곁길로 빠지기 일쑤입니다. 성경은 타락한 인간의 본성을 다음과 같이 진단합니다. "만물보다 거짓되고 심히 부패한 것은 마음이라 누가 능히 이를 알리요마는"(렘 17:9). 인간은 육체적인 한계 앞에서도 무능하고, 영적으로도 무능합니다. 이것을 인정하는 것이 중요합니다. 자신의 무능을 인정할 때, 인간은 전능하신 하나님만이 나의 무능함의 해결자가 되심을 깨닫게 됩니다. 그러면서 하나님을 찾게 됩니다. 하나님께서 인간의 무능을 안타깝게 여기시면서 긍휼과 자비를 베푸십니다. "오직 하나님은 긍휼하시므로 죄악을 덮어 주시어 멸망시키지 아니하시고 그의 진노를 여러 번 돌이키시며 그의 모든 분을 다 쏟아내지 아니하셨으니"(시 78:38).

예수님도 인간의 무능함을 이해하시고 "수고하고 무거운 짐 진 자들아 다 내게로 오라 내가 너희를 쉬게 하리라"고 하시면서(마 11:28), 인간을 초대하십니다. 예수님의 대속의 사역으로 인해서 인간은 하나님의 능력으로 변화되는 은혜를 경험합니다. 인간의 무능함은 하나님의 능력을 체험하는 배경이 되며, 그분의 연민이 드러나는 통로가 됩니다. 자신의 무능함을 겸손히 인정할 때, 인간에게 하나님의 연민과 능력을 온전히 받아들이는 믿음의 문이 열립니다.

인간이 하나님의 형상을 스스로 회복하지 못하는 이유가 무엇인가요?
① 충분한 지식이 없기 때문에
② 환경이 좋지 않기 때문에
③ 기회가 주어지지 않기 때문에
④ 다른 사람들의 방해 때문에
⑤ 근원적인 죄의 영향 아래 있기 때문에

무능함을 느낄 때 나는 주로 어떤 태도를 취하나요?
① 자책하거나 자기비하에 빠진다.
② 아무 일도 하지 않으면서 회피하려고 든다.
③ 더 열심히 노력하면서 극복하려고 한다.
④ 하나님께 도움을 구하고자 무릎 꿇는다.
⑤ 무능함을 감추기 위해서 괜찮은 척한다.

2. 하나님의 연민(God's Compassion)

하나님은 인간의 무능함을 안타깝고 가엾게 여기시는 분입니다. 인간을 바라보시면서 연민을 품으셨고, 그 연민을 행동으로 드러내셨습니다. 하나님의 연민은 단순한 동정이 아닙니다. 죄와 상처로 가득 찬 인간 존재와 그 실존을 당신의 긍휼로 덮으시고 회복의 길로 인도하시는 깊은 사랑의 연민입니다. 마음 깊은 곳에서부터 인간을 불쌍하게 여기십니다. 하나님의 연민은 그분의 사랑이 행동으로 구체화 되는 출발점입니다. 죄로 인해서 깨어진 인간과의 관계를 회복시키는 첫걸음입니다.

하나님의 연민은 당신의 아들 예수님을 이 땅에 보내신 사건으로 분명하게 드러났습니다. 예수님께서 이 땅에 오셔서 병든 자들을 고치셨고, 굶주린 자에게 먹이셨으며, 친히 제자들을 거느리고 잃은 양을 찾아서 여러 곳을 다니셨습니다('공생애 활동'). 우리는 예수님의 공생애 활동을 통해서, 예수님께서 하나님의 연민의 본보기가 되셨음을 알게 됩니다. 예수님께서 몸소 삶으로 보여주신 연민은 고통받는 이들의 삶을 공감하시면서 함께 아파하신 '공감하는 사랑'이었습니다.

하나님의 연민을 깊이 느꼈던 순간이 언제였나요?
① 깊은 슬픔 중에 말씀을 통해서 위로를 받았을 때
② 병상에 있던 중에 공동체 지체가 찾아와서 기도를 해 주었을 때
③ 절실한 순간에 예상치 못한 도움을 누군가로부터 받았을 때
④ 나의 잘못을 하나님이 용서해 주셨다고 확신했을 때
⑤ 나의 작은 필요까지 하나님이 채우시는 것을 경험했을 때

'하나님의 연민은 행동으로 나타난다!' 이 말이 잘 드러나는 장면은 무엇인가요?
① 병든 자를 직접 찾아가서 손을 얹으신 예수님의 모습
② 배고픈 무리에게 떡과 물고기를 나눠주신 예수님의 모습
③ 눈물 흘리는 자들과 함께 우셨던 예수님의 모습
④ 베드로의 실수를 품어 주시고 다시 사명을 주신 예수님의 모습
⑤ 위의 모든 장면들이 하나님의 연민을 잘 보여준다.

3. 하나님의 연민이 낳은 화해와 용서(Reconciliation and Forgiveness)

우리는 탕자의 비유에서 하나님의 연민이 낳은 화해와 용서의 모습을 봅니다(눅 15장). '모든 것을 탕진하고 집으로 돌아온 둘째 아들을 친히 달려가서 품에 끌어안은 아버지의 모습!' 이것이 하나님의 연민이 낳은 화해와 용서의 모습입니다. 하나님의 연민이 인간의 죄를 용서하는 근원적인 동기가 됩니다. 깨어진 관계를 회복시키는 힘이 됩니다. 하나님께서 죄로 인해서 생겨난 하나님과 인간 사이의 틈, 나아가서 인간과 인간 사이의 틈을 직접 메우십니다. 예수님께서도 십자가 위에서 연민의 마음을 품고 "아버지, 저들을 용서해 주옵소서"라고 기도하시면서(눅 23:34), 화해의 길을 활짝 열어주셨습니다.

연민은 화해의 출발점으로, 하나님의 연민으로 인해서 인간과 하나님 사이에 화해가 가능해졌습니다. 인간의 깊은 죄성에도 불구하고 하나님의 연민은 인간을 화해와 회복의 길로 인도하는 든든한 버팀목이 됩니다.

하나님과 화해가 이루어지면서 새롭게 시작된 관계는 새로운 삶을 요청합니다. 어떤 삶을 요청합니까? 화해된 자로서, 하나님께 용서받은 자로서, 새로운 삶을 살아갈 것을 요청합니다. 하나님의 화해와 용서는 말로만이 아니라 누군가의 아픔과 상처를 감싸 안는 실제적인 행동으로 구체화될 때 빛을 발합니다. 연민이 낳은 하나님의 화해와 용서를 가슴에 품은 자에게 합당한 삶은 이웃에게 사랑을 흘려보내는 삶입니다. 하나님과 화해되었고 하나님께 용서받았음은 우리 신앙인들에게 중요한 정체성의 근간이 됩니다.

함께 나누어요 ❺

십자가에서 예수님께서 하신 용서의 기도를 묵상할 때, 어떤 도전을 받게 되나요?

① 나에게 상처를 준 사람을 용서하려는 마음이 생긴다.
② 복수보다는 사랑을 선택해야 함을 깨닫는다.
③ 내 안의 분노와 미움을 하나님께 맡기게 된다.
④ 용서가 나를 자유롭게 한다는 사실을 배운다.
⑤ 예수님처럼 원수까지도 품을 수 있는 믿음을 갖고 싶어진다.

4. 하나님께로 나아가는 길 되시는 예수님(Jesus, the Way to God)

예수님은 우리를 하나님께로 인도하시기 위해서 사랑과 연민으로 이 땅에 오셨습니다. 그분은 "내가 곧 길이요 진리요 생명이라"고 말씀하시면서(요 14:6), 당신이 하나님께 나아가는 유일한 통로가 되심을 명확하게 선포하셨습니다. 인간은 죄의 짐을 홀로 짊어지신 그분의 십자가 대속 사역을 통해서 죄에서 용서함을 받고 하나님과 화해할 수 있습니다. 인간은 길 되시는 예수님을 믿어야 합니다. 예수님을 길 삼아서 하나님께로 나아가야 합니다.

예수님을 길 삼는다는 것은 나의 삶 전체를 하나님께 드리는 헌신으로 신앙인들을 초대합니다. 신앙인들은 예수님을 길 삼아서 하나님과 깊은 관계로 들어가는 영적 여정에 발을 들여놓은 사람들입니다. 예수님께서 신자의 삶의 모든 순간마다 성령으로 동행하십니다. 신앙인들이 넘어질 때마다 일으켜 세워주십니다. 삶의 여러 어려움들로 인해서 지쳐있을 때, 친히 오셔서 그 사람의 심령을 위로와 평강으로 채우십니다.

다른 길은 없습니다. 오직 예수님만이 하나님께 나아가는 유일한 길과 진리와 생명이십니다. "예수께서 이르시되 내가 곧 길이요 진리요 생명이니 나로 말미암지 않고는 아버지께로 올 자가 없느니라"(요 14:6).

함께 나누어요 ❻

'예수님을 길 삼아서 하나님께 나아간다는 것'이 무엇을 의미할까요?
　① 예수님의 말씀을 따라서 하나님과 관계를 회복하는 것
　② 나의 죄와 한계를 인정하고 예수님의 도움을 의지하는 것
　③ 예수님처럼 하나님과 가깝게 지내는 것
　④ 예수님처럼 겸손과 사랑의 길을 걷는 것
　⑤ 하나님께 나아가는 유일한 길이 예수님이심을 믿는 것

함께 나누어요 ❼

예수님이 길이요 진리요 생명이 되심을 깊이 느꼈던 순간이 언제였나요?
　① 죄의 무게에 짓눌렸을 때 하나님의 용서를 경험한 순간
　② 삶의 방향을 잃고 헤맬 때 말씀을 통해서 길을 찾았을 때
　③ 기도 중 깊은 평안을 누리면서 하나님을 만났을 때

④ 힘든 상황 속에 나를 위로하시는 주님의 임재를 느꼈을 때
⑤ 여러 가지 일로 바쁘기 때문에 신앙생활에 열심을 내지 못하는 지금 이
  순간

5. 예수님의 대속의 사역(Atoning Work)

대속(代贖)은 '누군가를 대신하여 죄의 값을 지불한다'는 의미입니다. 즉 예수님께서 인간의 죄의 값을 대신 치르셨다는 의미입니다. 그분께서 대속의 사역을 어떻게 이루셨습니까? 십자가에서 친히 죽으심으로 대속의 사역을 이루셨습니다. 예수님의 대속의 사역은 우리 인간의 죄를 대신 담당하시기 위해서 십자가에서 죽임을 당하신 희생과 사랑입니다. 죄가 없으신 그분은 인간을 위해서 죽으실 때 모든 고통을 담담히 감내하셨습니다. 십자가 위에서 묵묵히 죽임을 당하시면서 인간의 모든 죄의 값을 치르셨고, 하나님의 공의와 사랑을 만족시키셨습니다. 인간의 죄를 당신에게로 옮기셨고, 자신의 의를 인간에게로 전가하셨습니다.

예수님의 십자가 대속의 죽음은 인간을 하나님 앞에서 의롭게 하는 능력을 지닙니다. 하나님은 예수님의 대속의 죽음을 나를 위한 죽음으로 믿는 사람을 의롭다고 인정해 주십니다. "그러므로 우리가 믿음으로 의롭다 하심을 받았으니…"(롬 5:1상). 하나님께서 당신의 생명을 부여하시면서, 그에게 영생을 선물로 주십니다. "하나님이 세상을 이처럼 사랑하사 독생자를 주셨으니 이는 그를 믿는 자마다 멸망하지 않고 영생을 얻게 하려 하심이라"(요 3:16). 예수님의 대속의 사역은 인간과 하나님 사이의 벽을 허물고 다시금 견고하게 관계를 세우는 '화해의 사건'입니다.

예수님의 대속의 죽음이 신자에게 주는 중요한 영적 유익이 무엇인가요?

6. 신앙 여정을 회상하는 시간 갖기(Reflection)

이 시간에 배운 내용을 정리를 하면서, 나의 믿음을 돌아보는 시간을 갖겠습니다.

첫 번째 '인간의 무능함'이라는 주제에서는 "인간이 죄로 인해서 타락한 존재이기에, 스스로 하나님의 형상을 회복할 능력이 없다. 나의 무능을 인정해야 된다." 이 말씀을 드렸습니다.

두 번째 '하나님의 연민'이라는 주제에서는 "하나님께서 인간의 무능함을 가엾게 여기시면서, 연민을 품으셨다. 하나님께서 연민을 품으시고 인간에게 긍휼과 자비를 베푸셨다." 이 말씀을 드렸습니다.

세 번째 '하나님의 연민이 낳은 화해와 용서'라는 주제에서는 "하나님의 연민이 죄로 갈라진 하나님과 인간 사이의 관계를 화해와 용서로 이끄셨다." 이 말씀을 드렸습니다.

네 번째 '하나님께로 나아가는 길 되시는 예수님'이라는 주제에서는 "예수님만이 우리 인간을 하나님께로 인도하는 생명의 길이 되신다." 이 말씀을 드렸습니다.

다섯 번째 '예수님의 대속의 사역'이라는 주제에서는 "예수님께서 십자가의 대속 사역을 통해서 우리를 죄로부터 구원하셨다. 이 대속의 진리를 믿는 자를 하나님께서 '의롭다' 하시면서, 영생을 선물로 주셨다." 이 말씀을 드렸습니다.

이제 잠깐 눈을 감고 마음을 차분히 하면서 '지금까지의 나의 믿음의 여정을 돌아보는 시간'을 갖겠습니다.

먼저 처음 예수님을 믿었던 순간을 회상하면서, 그때부터 지금까지 내가 어떠한 믿음의 여정을 걸어왔는지를 머릿속에 떠올려 보겠습니다.

'하나님께서 나에게 주신 여러 선물들 가운데서 무엇을 가장 귀하게 여기면서 살아왔는지', '하나님의 인도하심 중에서 최고의 인도하심은 무엇이었는지', '예배와 말씀을 통해서 그때그때마다 하나님께서 나에게 어떤 은혜를 주셨는지', '하나님께서 실의에 빠져 있는 나를 그때그때마다 어떻게 세우셨는지', '신앙 여정 중에 나의 우선순위가 어떻게 바뀌어 왔는지', 나의 신앙 여정을 돌아보겠습니다.

이 시간에 '나에게 예수님 믿는 믿음을 선물로 주신 하나님을 기억하면서', '나의 신앙 여정을 여기까지 인도하신 하나님께 감사하면서', '앞으로도 나의 여정 가운데도 함께 하시면서 천국 소망으로 가득 채워가실 하나님을 기대하면서' 감사의 기도를 올려드리겠습니다.

지금까지 "하나님의 연민"이라는 주제로 성경 공부를 하였습니다. 성경 공부를 통해서 깨달은 점이나 마음에 남은 은혜나 새롭게 얻은 통찰을 간단하게 적어 보시기 바랍니다. 이 기록이 앞으로 하나님과 함께 걸어갈 믿음의 여정을 새롭게 준비하는 소중한 흔적이 될 것입니다.

예시

성경 공부를 통해서 하나님의 깊은 연민이 나를 향한 실제적인 사랑과 행동으로 드러났음을 깊이 깨달았습니다. 무능하고 연약한 나에게 먼저 손을 내미신 하나님께 감사하며, 예수님을 통해 허락된 화해와 용서의 은혜가 얼마나 놀라운 선물인지를 다시금 마음에 새기게 되었습니다. 이제는 그 사랑을 기억하며, 나 또한 주변의 연약한 이들을 품고 섬기는 삶을 살겠습니다.

성경 공부 시리즈 믿음의 나무 1

2부

인간과
하나님의 연민

7과. 회심과 회개

7과. 회심과 회개

1. 회심이 하나님 중심으로 삶의 방향이 전환되는 깊은 내적 변화임을 알게 한다.
2. 회개가 일상에서 반복적으로 실천해야 할 신앙의 훈련임을 배운다.
3. 회개의 대상이 말과 생각과 관계 등 삶의 다양한 영역에 걸쳐 있음을 알게 한다.
4. 회개를 막는 장애물을 점검하고, 말씀 안에서 극복하는 길을 찾도록 한다.

신앙은 삶의 방향이 근본적으로 바뀌는 내적인 변화입니다. "너희는 이 세대를 본받지 말고 오직 마음을 새롭게 함으로 변화를 받아 하나님의 선하시고 기뻐하시고 온전하신 뜻이 무엇인지 분별하도록 하라"(롬 12:2). 성경은 이러한 변화를 '회심'이라고 부릅니다. 즉 회심은 하나님의 은혜로 죄에서 돌이켜 믿음으로 나아가는 '결정적인 전환'(Turning Point)입니다. 이 회심은 반드시 회개의 과정을 수반합니다. 회개는 나의 삶을 돌아보면서 하나님 앞에서 잘못을 인정하고 돌이키는 구체적인 행위입니다. 회심과 회개는 신자의 삶에서 실제적인 열매들로 나타나지만, 동시에 그 과정에는 수많은 장애물과 유혹이 따르기도 합니다. 따라서 신자는 날마다 믿음으로 결단하고, 지속적으로 회개하면서 신앙 성숙을 이루어가야 합니다.

1. 회심의 정의(Definition of Conversion)

회심은 마음의 방향이 죄에서 하나님께로 완전히 돌려지는 전환의 사건으로, 내면의 근본적인 변화를 가리킵니다. 회심 이전에는 시선을 자신에게 두고 살아갔지만, 회심한 후에는 그 시선을 하나님께 두고 살아갑니다. 회심은 죄 사함의 은총을 주시는 하나님의 은혜의 첫걸음으로서, 삶의 우선순위가 '바뀌는'(또는 '바뀌어 가는') 근본적인 변화입니다. 예수님은 회개하고 복음을 믿으라고 선포하시면서(막 1:15), 회심을 복음의 핵심으로 제시하셨습니다.

회심한 사람은 자신의 이전의 삶을 뒤로하고, 예수님의 삶을 따르는 데 헌신합니다. 따라서 신앙인들에게 회심은 새로운 정체성이 부여되는 시점으로서, 회심한 자는 하나님의 자녀로 받아들여지는 신분을 갖게 됩니다. 나아가서 회심한 자는 하나님의 가족들과 연합되어서, 서로 격려하고 함께 성장하는 신앙 공동체의 일원으로 수락됩니다. 바울은 회심한 자들을 '하나님의 가족'('권속')이라고 불렀습니다. "그러므로 이제부터 너희는 외인도 아니요 나그네도 아니요 오직 성도들과 동일한 시민이요 하나님의 권속이라"(엡 2:19).

함께 나누어요 ❶

회심 이전과 이후, 삶의 시선이 어떻게 달라질까요?
　① 이전에는 자신에게, 이후에는 하나님께
　② 이전에는 친구에게, 이후에는 가족에게
　③ 이전과 이후 모두 자기중심적으로
　④ 이전에는 교회에, 이후에는 집에
　⑤ 이전에는 세상에, 이후에는 하나님께

함께 나누어요 ❷

회심 후에 주로 어떤 반응이 나타날까요?
　① 하나님께 시선을 두고 살아가려고 애쓴다.
　② 죄에 대해서 민감함이 생기면서 자주 회개하게 된다.
　③ 삶의 우선순위가 하나님 중심으로 바뀐다.
　④ 삶 속에서 예수님을 따르려는 결단이 분명해진다.

⑤ 위의 모든 것들이 내 삶에 조금씩 나타나고 있다.

2. 회심의 증거와 열매(Evidence and Fruit)

회심의 증거란 한 사람이 진정으로 회심했음을 드러내는 '내적 변화'와 '외적 열매'를 가리킵니다. 회심은 단순히 감정적인 체험이나 지적인 동의와 차원이 다르기에, 삶 전체의 변화로 이어지는 실제적인 성격을 지닙니다.

회심의 증거와 열매로서 첫 번째 하나님과의 관계 회복이 일어나면서, '기도와 말씀 묵상'에 자연스럽게 끌리는 마음이 생깁니다. 두 번째 '죄'에 대해서 민감해지고, 죄를 깨닫자마자 즉시 회개하려는 태도가 나타납니다. 세 번째 '사랑의 시선'을 가지고 이웃과 형제자매를 실제적으로 섬기고 배려하려는 행동으로 이어집니다. 네 번째 '성령의 9가지 열매'가 삶 속에 점진적으로 풍성히 나타납니다(갈 5:22-23). 다섯 번째 '진실된 순종'으로서, 하나님께서 주신 말씀에 순종하려는 의지가 강해집니다. 여섯 번째 회심 후에도 계속 성장하려는 '갈망'이 끊임없이 일어나서, 신앙 공동체의 여러 행사들에 적극적으로 참여하게 됩니다. 일곱 번째 '감사의 삶'이 자연스러운 일상이 되어서, 작은 일에도 "주님, 감사합니다"의 고백이 입에서 맴돕니다. 여덟 번째 자기 자신을 위해서 살기보다, '하나님 나라'를 위해서 살려는 충실한 자세가 점점 풍성해집니다. 아홉 번째 시험과 유혹 앞에서 하나님을 의지하면서 이겨내는 '승리의 경험'이 쌓여갑니다. 열 번째 이러한 변화들이 누적되면서, 주변 사람들에게 회심이 '평생 이어지는 여정'임을 보여줍니다.

함께 나누어요 ❸

회심한 사람이 죄에 대해서 취하는 태도를 바르게 설명한 것은 무엇인가요?

① 죄를 깨닫자마자 즉시 회개하려는 태도

3. 회개의 정의(Definition of Repentance)

신자는 하나님 앞에서 자신을 돌아보고 회개를 하면서 믿음의 성숙을 이루어나가야 합니다. 회심을 하면서 하나님과 화해가 이루어진 후에 자신의 일상에서 죄를 발견할 때마다 돌이키고 돌아서는 회개의 삶을 살아야 합니다. 회심이 예수님을 나의 구주로 영접하면서 시작되는 '단회성의 사건'이라면, 회개는 매일의 삶 속에서 범하는 잘못과 죄악을 돌아보면서 하나님께 그때그때마다 나의 잘못을 고하는 '반복적인 과정'입니다. 회개는 단순한 죄책감과는 다른 것으로서, 죄의 고백 후에 잘못된 길에서 돌이켜 하나님의 뜻에 순종하겠다는 의지적인 결단입니다.

나를 성찰하면서 죄를 솔직히 인정하는 것이 회개의 첫걸음입니다. 진심으로 잘못과 죄를 고백하는 신앙인들을 하나님께서 다시금 정결케 하십니다. 일상에서 행동과 마음으로 지은 죄가 깨달아질 때 "주님, 저의 부족함을 용서해 주십시오!" 이렇게 기도하시기 바랍니다. 자신의 허물을 돌아보면서 진정으로 회개를 할 때마다 신자는 회심 때 받은 새 생명의 은혜를 다시금 체험하게 됩니다. 나아가서 지속적인 회개는 신자의 마음을 하나님께로 더욱 향하게 함으로써, 그의 삶에 성령의 열매가 자라도록 돕습니다. 이렇게 회개를 삶의 리듬으로 삼을 때, 신앙인들은 날마다 하나님과 가까워지고 그분의 뜻을 이루는 거룩한 삶으로 나아가게 됩니다.

4. 삶에서의 회개의 대상들(Objects of Repentance)

신자에게 삶에서의 회개의 대상들은 멀리 있지 않습니다. 첫 번째 '입술'이 회개의 대상입니다. 입술로 무심코 내뱉은 거친 말이나 험담이 있으면 즉시 "하나님, 나의 입에서 나가는 말들을 정결케 해 주십시오" 이렇게 회개하며 기도합니다. 두 번째 '마음에 품은 동기'가 회개의 대상입니다. 내 안에 이기적이거나 교만한 마음이 꿈틀거릴 때, "하나님, 제 마음을 정결케 하옵소서!" 이렇게 회개하며 기도합니다. 세 번째 '시간 사용'이 회개의 대상입니다. 하나님과 교제하는 것을 외면하고 다른 것들에 지나치게 시간을 허비했다면, "하나님, 제가 시간을 올바르게 선용하게 하옵소서" 이렇게 고백하시기 바랍니다. 네 번째 누군가에게 '상처를 준 것'도 회개의 대상입니다. 친구나 가족에게 마음의 벽을 생기게 만들었거나 그들에게 상처를 줬다면, 그들에게 먼저 용서를 구하는 회개의 자리를 가져야 합니다.

다섯 번째 '물질을 대하는 태도'도 회개의 대상입니다. 물질을 낭비하거나 감정으로 인한 과도한 지출을 돌아보면서, "하나님, 제가 물질을 선하게 사용하게 하옵소서!" 이렇게 회개하며 기도합니다. 여섯 번째 '우선순위의 뒤바뀜'도 회개의 대상입니다. 하나님보다도 일이나 취미나 여가가 앞섰다면, "하나님, 제 삶의 우선순위를 바로 세워 주십시오" 이렇게 회개하며 기도합니다. 일곱 번째 '감사의 부족'도 회개의 대상입니다. 사소한 일에도 불평하는 모습이 잦았다면, 감사 제목을 적으면서 "하나님, 감사합니다"를 반복해서 고백해야 합니다. 여덟 번째 '절제의 실패'도 회개의 대상입니다. 절제하지 못해서 잘못된 습관이 불쑥 튀어나왔거나 순간적으로 감정을 조율하지 못했다면, "주님, 저로 하여금 강인한 의지를 갖게 하옵소서"라고 기도하시기 바랍니다. 아홉 번째 '기도의 소홀함'도 회개의 대상입니다. 다양한 이유로 기도의 자리를 멀리했다면, "하나님, 제가 기도의 자리를 회복하게 하옵소서!" 이렇게 기도합니다. 열 번째 '하나님 말씀을 소홀히 하는 것'도 회개의 대상입니다. 말씀을 소홀히 했다면, "하나님, 다시금 제가 하나님 말씀 앞에 마음을 열게 하옵소서!" 이렇게 기도하시기 바랍니다.

마음에 품은 동기가 회개의 대상이 되는 순간이 언제인가요?

① 다른 사람을 돕는 척하면서 사실은 내 이익을 챙기려 할 때

② 봉사한다고 나섰지만, 사실은 인정받고 싶은 마음이 클 때

③ 내 안에 이기적이거나 교만한 마음이 생길 때

④ 피곤해서 쉬고 싶다는 마음이 생길 때

⑤ 겉으로는 경건해 보이지만, 그 내면에 시기심이 있을 때

요즘 나에게 가장 필요한 회개의 영역은 어디인가요?

① 말 - 무심코 내뱉은 말, 날카로운 언어들

② 마음 - 이기심, 교만, 질투 같은 감정의 동기

③ 시간 - 정작 중요한 것에는 시간을 쓰지 못함

④ 관계 - 상처를 준 누군가에게 거리를 두고 외면함

⑤ 물질 - 충동적 소비, 소유욕, 낭비 습관

5. 회개의 장애물과 극복(Obstacles and Overcoming)

신자에게 회개를 가로막는 장애물 몇 가지가 있습니다. 첫 번째, '자기 정당화'입니다. 자기 정당화는 죄를 범한 후에 "이 정도는 괜찮을 거야!" 이러한 태도를 취하면서 죄를 무시하게 만듭니다. 두 번째, '수치심'입니다. 수치심은 신자로 하여금 "내 잘못을 드러내는 것이 너무 부끄러워!" 이러한 태도를 취하면서 회개를 피하게 만듭니다. 세 번째, '죄의 마비 현상'입니다. 마비 현상에서 오는 반복된 죄로 인해서 "이것을 다시 해도 별 차이가 없을 거야!" 이러한 태도를 취하면서 신자로 하여금 무력감을 갖게 만듭니다. 네 번째, '습관적으로 범하는 죄'입니다. 습관적으로 범하는 죄의 익숙함 때문에 죄를 일상처럼 받아들이게 함으로써, 회개를 어렵게 합니다. 다섯 번째, 신자에게 '영적 분별력의 결핍'도 회개의 장애물입니다. 영적 분별력의 결핍은 신자로 하여금 자신의 죄를 돌아보고 깨닫지 못하게 합니다.

신자는 이러한 회개의 장애물들을 극복해야 합니다. 첫 번째, 나의 연약함을 하나님께 내려놓고 하나님의 긍휼을 구해야 합니다. 솔직하게 나의 연약함을 고백하면서 하나님의 은혜를 구할 때, 다시금 회개의 문이 열립니다. 두 번째, 믿음의 동역자나 신뢰할 만한 소그룹에서 조심스럽게 나의 죄를 고백합니다. 믿음의 지체들의 중보기도로 인해서 다시금 회개의 문이 열릴 수 있습니다. 마지막으로 말씀과 기도로 그때그때마다 나의 심령을 새롭게 해야 합니다. 심령이 새로워져서 성령님의 인도하심에 민감해질 때 다시금 회개의 길이 활짝 열립니다.

다음 중 회개의 장애물에 해당하는 것은 무엇입니까?

① 자신의 죄에 대해서 둔감한 것

② 죄를 깨닫자마자 즉시 하나님께 고백하는 것

③ 말씀과 기도로 마음을 새롭게 하는 것

④ 죄를 범한 후 "이 정도는 괜찮을 거야!" 이렇게 생각하면서 합리화하는 것

⑤ 믿음의 동역자에게 솔직히 죄를 고백하는 것

6. 믿음으로의 결단(Decision for Faith)

믿음으로의 결단은 예수님을 나의 주님이자 구주로 받아들이는 전환점을 가리킵니다. 믿음으로 결단을 하면서 예수님을 더 많이 알아가겠다는 마음이 생겨납니다. 이 결단은 감정이나 충동은 아니며, 진리 앞에 자신을 내려놓고 예수님의 주되심을 인정하는 깊은 선택입니다. 결단의 순간에 마음은 죄에 대한 슬픔과 예수님의 사랑에 대한 감사로 가득 차게 됩니다. 주님을 믿기로 결단한 사람은 그 결단을 삶으로까지 가져갑니다. 삶의 자리에서 순간순간 예수님을 생각하면서 판단하고 선택하고 결정하는 삶을 살아갑니다.

믿음으로의 결단은 마음과 삶을 예수님께로 연결시키는 신앙의 문이고, 하나님과의 인격적인 관계가 시작되는 출발점이며, 성령께서 내주하시는 믿음의 첫걸음입니다. 이전의 '나 중심의 삶'에서 결단과 함께 '하나님 중심의 삶'으로 근본적인 방향 전환이 일어납니다. 이 결단은 나의 삶 전체를 하나님께 맡기고 그분의 뜻을 따를 것을 선택하는 신앙고백입니다. 신자는 이 결단 위에 세워진 믿음으로 인해서 새 생명을 누리는 삶을 살게 됩니다. 믿음으로의 결단과 함께 주님을 따르는 여정의 첫발을 내디딘 자입니다.

함께 나누어요 ❽ - 나의 믿음을 점검하는 시간

이 시간에 잠시 눈을 감고 예수님을 대면하는 시간을 갖겠습니다. 예수님이 나에게 어떠한 분인지를 잠시 머리 속에 떠올려 보십시오. 내 마음에 예수님을 나의 구원자로 인정하는 믿음이 있는지를 돌아보겠습니다. 지금도 나의 삶 속에 예수님을 생각하면서 무언가를 선택하고, 무언가를 멀리하는 모습들이 있는지를 돌아보겠습니다. '예수님 중심'으로 살아가는 삶을 여전히 귀하게 여기는지를 돌아보겠습니다.

이 시간에 지금까지의 나의 삶을 돌아보면서 예수님 믿는 나의 믿음을 점검하겠습니다. "예수님께서 나의 구원자가 되십니다. 하나님께서 예수님 믿는 믿음을 보시면서, 나를 당신의 자녀로 삼아주셨습니다."

7. 영접 기도(Prayer to Receive Christ)

사랑의 하나님! 저는 지금까지 제 마음대로 살아왔고, 저의 죄로 인해서 하나님과 멀어져 있었습니다. 하지만 이제 깨닫습니다. 예수님께서 나의 죄를 대신하여 십자가에서 죽으시고, 다시 살아나셨다는 사실을 믿습니다. 예수님은 나의 구원자이십니다. 이제부터는 나를 위해서 돌아가신 예수님을 따르겠습니다. 나의 마음에 들어오셔서 나의 주인이 되어 주십시오. 나의 삶을 이끌어주시고, 날마다 주님과 동행하는 삶을 살게 해 주십시오. 저를 하나님의 자녀로 받아주셔서 감사합니다. 이 시간의 저의 믿음의 고백이 흔들리지 않도록 성령님께서 항상 저를 붙들어주십시오. 날마다 믿음 위에 굳게 서도록 저의 삶을 이끌어 주십시오. 나의 생명 되시는 예수님의 이름으로 기도드립니다. 아멘.

지금까지 "회심과 회개"라는 주제로 성경 공부를 하였습니다. 성경 공부를 통해서 깨달은 점이나 마음에 남은 은혜나 새롭게 얻은 통찰을 간단하게 적어 보시기 바랍니다. 이 기록이 앞으로 하나님과 함께 걸어갈 믿음의 여정을 새롭게 준비하는 소중한 흔적이 될 것입니다.

예시

성경 공부를 통해서 회심이 삶의 방향과 중심이 근본적으로 바뀌는 은혜의 전환점임을 알게 되었습니다. 그리고 회개가 하나님께로 돌아서려는 의지적인 결단임을 배우면서, 내 삶 속의 다양한 회개의 대상들이 무엇인지를 돌아보았습니다. 무엇보다 예수님을 구주로 영접하고 그분을 따르겠다는 믿음의 결단이 얼마나 귀한지를 가슴에 새기는 돌아봄의 시간이었습니다.

성경 공부를 통해서 얻은 통찰 메모하기

3부

기듭남과
영생

8과. 거듭남

8과. 거듭남

1. 거듭남이 성령의 역사로 삶의 방향이 바뀌는 영적 변화임을 이해하도록
   한다.
2. 신자가 예수 그리스도를 통해 하나님의 자녀가 되었음을 깨닫게 한다.
3. 성령의 내주와 약속의 말씀으로 구원이 보증됨을 믿도록 한다.
4. 새 생명을 얻은 자로서 늘 감사하면서 하나님의 자녀답게 살아갈 것을
   다짐토록 한다.

거듭남은 기독교 신앙의 본질적인 출발점으로서, 하나님과 새로운 관계가 시작되는 결정적인 사건입니다. 인간은 본래 죄 가운데 있었지만, 하나님의 은혜로 다시 태어났습니다. 하나님께 의롭다고 인정받고 새로운 생명을 부여받습니다. 거듭난 신자는 새 생명을 소유한 자로서, 하나님의 자녀가 되는 권세를 갖습니다. 하나님께서는 당신께서 신앙인들에게 은혜로 베푸신 구원을 성령을 통해서 보증하십니다. 구원을 끝까지 이루어가시는 성도의 견인의 은혜를 주십니다. 이로 인해 신자는 이 땅에서 영원한 나라를 소망하며 살아갈 수 있습니다. 이런 점에서 볼 때 신앙인들에게 거듭남은 단순히 과거의 체험이 아니라, 현재와 미래를 이끄는 동력이 됩니다. "우리 주 예수 그리스도의 아버지 하나님을 찬송하리로다 그의 많으신 긍휼대로 예수 그리스도를 죽은 자 가운데서 부활하게 하심으로 말미암아 우리를 거듭나게 하사 산 소망이 있게 하시며"(벧전 1:3).

1. 거듭남이 무엇인가?(New Birth)

거듭남은 하나님과 새로운 관계를 시작하는 첫걸음입니다. 영적인 눈이

열려서 예수님을 구주로 받아들이는 순간, 그 사람에게 이전과 다른 삶의 차원이 열립니다. 예수님은 "다시 태어나지 않으면 하나님 나라를 볼 수 없다"고 말씀하셨습니다(요 3:3). 이 '다시 태어남'이 물리적인 탄생은 아닙니다. 성령의 능력으로 새로워짐을 가리킵니다. 성경이 얘기하는 거듭남은 단순한 행동의 변화라기보다는, 마음이 근본적으로 바뀌어서 예수님을 따르게 되는 것을 의미합니다. 예수님이 어떠한 분이신지에 대해서 관심을 갖습니다. 예수님을 알아가겠다는 마음이 생겨나고, 그 마음이 삶 속에서 점점 더 구체화됩니다. 주님과 동행하면서, 기도와 말씀 묵상을 통해서 의지적으로 주님을 알아가는 일에 최선을 다합니다.

거듭난 신앙인들은 마음가짐과 태도가 바뀐 사람들입니다. 따라서 세상의 가치를 우선시하지 않고, 하나님의 뜻을 우선시합니다. 죄에 대해서 민감해지면서 죄를 멀리하려는 의지를 갖습니다. 이러한 것들은 예전에는 없었던 모습들입니다. 또한 하나님의 말씀을 들을 때 마음이 열리고, 말씀 속에서 하나님의 음성을 듣고자 갈망합니다. 삶의 중심이 자신에서 예수님께로 옮겨지면서, 모든 영역에서 예수님을 의식하면서 살아가게 됩니다. 나아가서 믿음의 공동체와 교제하는 것도 그에게 감사와 기쁨이 되기에, 시작된 자신의 신앙 여정에 기꺼이 다른 성도들을 초대합니다. 더 나아가서 거듭난 신자는 기도를 하나님과 인격적으로 교감하는 장으로 삼으면서, 하나님과 대화하는 것을 즐거워합니다. 거듭남은 한 번의 사건이지만, 그 열매는 평생토록 자라가는 변화의 여정입니다.

함께 나누어요 ❶

다음 중 거듭난 신자의 태도와 거리가 먼 것은 무엇입니까?
① 주님을 알아가려는 갈망
② 믿음의 공동체에서 교제하는 것을 기뻐함
③ 삶의 중심을 나 자신에서 예수님께로 옮김
④ 하나님의 뜻을 무시하고 자기만족을 추구함
⑤ 말씀 묵상과 기도를 통해서 주님과 동행함

2. 신분의 변화(Transformation of Identity)

예수님을 믿기 이전에 신자는 하나님을 등지고 살았습니다. 성경은 하나님을 등지고 살아가는 사람을 죄인이라고 규정합니다. 그런데 예수님께서 죄의 문제를 해결해 주셨습니다. 인간의 죄의 문제를 해결하기 위해서 십자가에 달려 돌아가셨습니다. 예수님의 십자가 사건입니다. 십자가 사건을 진지하게 여기면서 예수님을 나의 구주로 영접할 때, 하나님께서 그 사람을 '의롭다'고 칭하십니다. '의인이라'고 선언하십니다. 이 의인됨은 예수님의 십자가 공로에 기반을 둔 하나님의 은혜의 선물입니다. "그러므로 우리가 믿음으로 의롭다 하심을 받았으니 우리 주 예수 그리스도로 말미암아 하나님과 화평을 누리자"(롬 5:1).

의인이 된 성도는 '죄인'이라는 신분에서 '하나님의 자녀'라는 새로운 신분을 갖게 됩니다. '죄인에서 의인으로!', '죄인에서 하나님의 자녀로!' 신자에게 신분의 변화가 생겼습니다. 이 신분의 변화는 사람들의 평가가 아니라, 하나님 앞에서 주어진 사실입니다. 신자는 자신에게 생긴 변화를 귀하게 여기면서, 삶의 목적과 방향을 하나님께 두고 살아갑니다. 또한 이전에는 죄의 문제 앞에서 무덤덤했는데, 이제는 죄를 멀리하면서 하나님의 뜻에 민감해지고 하나님 말씀에 순종하고자 하는 마음이 생깁니다. 무엇보다도 하나님의 자녀로 살아가는 삶을 특권이라고 여깁니다. 그러면서 자신의 신분을 기억하면서, 어디서든지 하나님의 자녀답게 생각하고 말하고 행동하려고 애를 씁니다. 새로운 신분을 주신 것에 감사하면서, 하나님과 동행하는 삶을 기쁨으로 여깁니다.

함께 나누어요 ❷

신앙인들의 '신분의 변화'가 눈으로 목격될 수 없는 이유가 무엇인가요?

① 이 변화가 특별한 장소에서만 일어나기 때문에

② 이 변화가 사람들의 인정 속에서 이루어지기 때문에

③ 이 변화가 영적인 사건이기 때문에

3. 성도의 견인(Saint's Perseverance)

성도의 견인(堅忍)은 '성도로서 굳게 참고 견딘다'는 뜻입니다. 견인에 있어서 중요한 것은 신앙인들의 '믿음'과 '인내'입니다. 하나님의 보호하심과 인도하심 속에서 시작된 나의 구원이 완성을 향해서 나아감에 있어서 '성도의 인내'와 '하나님의 약속'이 중요합니다. 성도가 무엇을 신뢰하면서 인내하겠습니까? 약속으로 주신 하나님의 말씀을 믿으면서 인내합니다. 예수 그리스도를 믿는 자를 구원하시겠다는 약속의 말씀(요 3:16)을 신뢰하고 인내하면서 신앙 여정을 충실히 걸어가야 합니다. "하나님이 세상을 이처럼 사랑하사 독생자를 주셨으니 이는 그를 믿는 자마다 멸망하지 않고 영생을 얻게 하려 하심이라"(요 3:16).

이 약속의 말씀을 굳게 붙잡을 때, 성도는 삶의 어려움과 고난 가운데서도 흔들리지 않고 다시금 굳건히 일어날 수 있습니다. 이유는 구원을 약속하신 하나님은 신실하신 분이시기 때문입니다. 하나님의 신실하심을 바라보며 인내할 때, 그 사람의 신앙이 더욱 깊어지고 성숙해집니다. 성도의 견인은 구원의 완성을 향한 여정을 지속할 수 있는 원동력이 됩니다. 성도는 하나님의 약속이 성취되는 날을 소망하면서, 참고 견디면서 믿음의 여정을 묵묵히 걸어가는 사람입니다.

4. 구원의 보증(Assurance of Salvation)

하나님은 신자에게 구원이 확실히 이루어질 것임을 보장하시는 분이십니다. 바울은 "너희 안에서 착한 일을 시작하신 이('하나님')가 그리스도 예수의 날까지 이루실 줄을 확신한다"고 말씀합니다(빌 1:6). 하나님께서 구원을 보증하시기에 신자의 구원은 확실합니다. 구원의 보증은 하나님이 주시는 약속과 성령님의 역사하심에 근거합니다. "13 그 안에서 너희도 진리의 말씀 곧 너희의 구원의 복음을 듣고 그 안에서 또한 믿어 약속의 성령으로 인치심을 받았으니 14 이는 우리 기업의 보증이 되사 그 얻으신 것을 속량하시고 그의 영광을 찬송하게 하려 하심이라"(엡 1:13-14). 성령은 신자가 구원받은 자임을 확증해 주고, 그 구원이 완성될 때까지 계속 이끄시고 인도하시는 분입니다. 신자 안에 지속적으로 내주하시면서 구원을 보증하십니다('성령의 내주하심').

성령의 내주하심은 신자로 하여금 하나님의 자녀로서 그분의 뜻을 이해하고, 그분께서 선물로 주신 구원을 신뢰하도록 이끕니다. 성령은 신자에게 그가 하나님의 자녀임을 조용히 스며들 듯이 증거하면서, 구원의 여정을 끝까지 함께 하시는 분입니다. 성령께서 그때그때마다 신자의 마음에 하나님의 자녀라는 확신을 갖도록 합니다. 신자가 구원을 상실하지 않도록 도와줍니다. 신자가 끝까지 믿음을 지킬 수 있도록 구원을 보증하십니다.

하나님이 신자의 구원을 보증하시는 근거가 어디에 있나요?
　① 하나님의 약속과 성령님의 역사 때문에
　② 신자의 꾸준한 선행 때문에
　③ 교회의 전통 때문에
　④ 세상의 법칙 때문에
　⑤ 예수 그리스도의 십자가 공로와 부활의 능력 때문에

5. 새 생명을 소유한 사람(New Life)

새 생명을 소유한 사람은 하나님께서 그에게 새롭게 주신 은혜에 감사하면서 하루를 시작합니다. 이 감사가 마음에 기쁨과 평안을 채워주어서, 작은 일에도 하나님을 찬양합니다. 새 생명을 받은 신자는 일상을 성령님과 동행하고 하나님의 뜻을 구하면서 살아갑니다. 그 결과 삶의 우선순위가 달라져서 말씀 묵상과 기도가 그의 일상 속에 자연스럽게 자리를 잡습니다. 하나님께 사랑받는 자녀라는 정체성을 확신하며, 섬김과 관용으로 이웃을 대합니다. 자신의 한계와 부족함을 느낄 때마다 하나님께 도움을 청합니다. 또한 믿음의 성장과 변화의 과정을 즐겁게 받아들입니다. "그런즉 누구든지 그리스도 안에 있으면 새로운 피조물이라 이전 것은 지나갔으니 보라 새것이 되었도다"(고후 5:17).

나아가서 새 생명을 소유하게 된 것이 혼자만의 기쁨이 아니기에, 함께 예배를 드리는 신앙공동체를 향해서 기꺼이 마음을 엽니다. 힘든 상황에 직면했을 때에도 '내가 새 생명을 가진 자인 것'을 기억하면서 흔들림 없이 하나님을 신뢰합니다. 날마다 주님의 성품을 닮아가려고 노력하며, 다른 이로부터 받은 작은 선행에 감사를 표합니다. 새 생명을 소유한 사람은 결국 그 삶으로 하나님의 사랑을 세상에 전하는 통로가 됩니다.

힘든 상황 속에서 새 생명을 소유한 사람이 취하는 올바른 태도는 무엇입니까?
① 자신의 신분을 잊고 불평한다.
② 친구들의 위로만 의지한다.
③ 내가 새 생명을 가진 자임을 기억하면서 하나님을 신뢰한다.
④ 상황이 나아질 때까지 아무것도 하지 않는다.
⑤ 스스로 문제를 해결하려고만 한다.

6. 하나님의 자녀로서의 권리(Privileges)

하나님께서 당신의 자녀에게 몇 가지 권리를 주셨습니다. 첫째 자녀에게 '당신께 직접 아뢸 수 있는 권리'를 주셨습니다. 이 권리는 예수님을 믿는 믿음으로 인해서 신자에게 주어진 신분의 변화에 뿌리를 둡니다. 현실에서 어려움을 겪을 때 부모님께 고민을 털어놓고 도움을 받듯이, 신자는 언제든지 하나님께 솔직히 나의 마음을 털어놓으면서 아뢸 수 있습니다. 하나님의 도움을 나의 것으로 만들 수 있습니다. 둘째 하나님께서는 당신의 자녀에게 '죄를 고백하고 용서받을 수 있는 권리'를 주셨습니다. 하나님의 자녀는 잘못했을 때 죄책감에 휩싸여서 스스로 자학하지 않습니다. 하나님께 죄를 고백하면서 용서를 구함으로써, 다시금 일어섭니다. 이것 역시 예수님의 보혈로 말미암아 얻어진 귀한 권리입니다. 또한 하나님의 자녀들은 '영원한 생명의 권리'를 소유한 사람들입니다. 이 권리로 인해서 죽음 너머로까지 이어지는 소망을 가슴에 품고 살아갑니다. "하나님이 세상을 이처럼 사랑하사 독생자를 주셨으니 이는 그를 믿는 자마다 멸망하지 않고 영생을 얻게 하려 하심이라"(요 3:16).

하나님의 자녀가 하나님께 자신의 죄를 고백하고 용서받을 수 있는 근거가 무엇에 있나요?
① 예수님의 보혈에 있다.
② 꾸준한 선행에 있다.
③ 사람들의 인정에 있다.
④ 매일 쌓여가는 기도의 누적에 있다.
⑤ 교회 출석 기록에 있다.

7. 영원한 소망(Hope of Eternity)

영원한 소망이란 예수 그리스도를 통해서 약속된 영생의 성취를 소망하면서 지금 이 땅에서의 삶을 살아가는 것을 가리킵니다. 신자는 이 땅에서의 여러 고난과 어려움이 하나님이 예비하신 영원한 상급의 전주곡임을 믿습니다. 성경은 눈에 보이지 않는 소망을 붙잡은 자들은 환난 중에도 화평을 꼭 붙잡고 기쁨을 잃지 않는다고 말씀합니다. "1 그러므로 우리가 믿음으로 의롭다 하심을 받았으니 우리 주 예수 그리스도로 말미암아 하나님과 화평을 누리자 2 또한 그로 말미암아 우리가 믿음으로 서 있는 이 은혜에 들어감을 얻었으며 하나님의 영광을 바라고 즐거워하느니라 3 다만 이뿐 아니라 우리가 환난 중에도 즐거워하나니 이는 환난은 인내를 4 인내는 연단을, 연단은 소망을 이루는 줄 앎이로다"(롬 5:1-4).

나를 둘러싼 현실에 여러 어려움들이 있지만, 그것들을 넉넉하게 극복할 수 있습니다. 나의 심령 깊은 곳에 영원한 소망이 자리하고 있기 때문입니다. 이 소망이 기도의 원동력이 되어서, 신자는 주어진 일상을 담대하게 살아갑니다. 이 소망을 다른 이들에게 나눌 기회가 생기면, 말로만이 아니라 삶으로도 진솔하게 나눕니다. 고난 가운데서도 '영원한 내 집'을 생각하면서, 눈앞의 문제에 매이지 않고 영원을 바라보는 시선을 갖습니다. 영원한 소망은 신자의 마음을 흔들림 없이 붙들어주면서, 세상 그 어떤 시련도 이길 수 있는 힘이 됩니다. '매일의 삶 속에서 영원한 소망을 붙잡고 하나님께 영광 돌리는 삶을 살아가는 사람!' 우리 신앙인들입니다.

함께 나누어요 ❽

영원한 소망을 가진 신자가 환난 중에도 기뻐할 수 있는 이유가 무엇입니까?

　① 본래 강한 성격을 가지고 태어났기 때문이다.
　② 힘든 일이 곧 끝난다는 것을 신뢰하기 때문이다.
　③ 주변 사람들이 도와주기 때문이다.
　④ 기도하면 모든 어려움이 바로 사라진다고 생각하기 때문이다.
　⑤ 환난이 인내를, 인내가 연단을, 연단이 소망을 이루기 때문이다.

함께 나누어요 ❾

영원한 소망을 품고 오늘의 삶을 살아간다는 것이 나에게 어떤 의미가 될까요?

지금까지 "거듭남"이라는 주제로 성경 공부를 하였습니다. 성경 공부를 통해서 깨달은 점이나 마음에 남은 은혜나 새롭게 얻은 통찰을 간단하게 적어 보시기 바랍니다. 이 기록이 앞으로 하나님과 함께 걸어갈 믿음의 여정을 새롭게 준비하는 소중한 흔적이 될 것입니다.

예시

성경 공부를 통해서 거듭남이 하나님과 새로운 관계가 시작되는 놀라운 은혜의 사건임을 알게 되었습니다. 성령님의 내주하심으로 인해서 구원이 보장된 삶을 살아가고 있다는 사실에 깊이 감사하게 되었습니다. 이제는 영원한 소망을 품고, 새 생명을 가진 자답게 매일의 삶 속에서 하나님께 영광 돌리며 살아갈 것을 다짐해 봅니다.

3부

기름냄과
영생

9과. 옛 사람에서 새 사람으로

1. 십자가에 못 박힌 옛 자아

2. 자아 성찰

3. 옛 습관 버리기

4. 습관의 재구성

5. 죄의 유혹 멀리하기

6. 새 사람으로의 삶

7. 새로운 삶의 장애물과 극복

9과. 옛 사람에서 새 사람으로

1. 옛 사람의 본성이 신앙생활에 미치는 영향을 이해토록 한다.
2. 자아 성찰과 습관의 재구성을 통해 신앙인의 삶이 변화됨을 알게 한다.
3. 죄의 유혹을 주님의 도우심 속에서 극복하는 태도를 갖도록 한다.
4. 신앙 공동체와 함께 새 사람의 삶을 살아가는 자세를 익히도록 한다.

신앙생활은 속사람이 새로워지면서 삶의 목적과 방향이 달라지는 사건입니다. 성경은 예수 그리스도를 믿는 자는 '옛사람'을 십자가에 못 박고, '새 사람'으로 거듭나야 한다고 말씀합니다. 이 변화는 하루아침에 완성되지 않으며, 자아 성찰과 옛 습관을 버리는 끊임없는 훈련 속에서 점진적으로 이루어집니다. 따라서 성도는 죄의 본성을 억누르고 유혹을 멀리하면서, 하나님 앞에서 새로운 삶의 방식을 만들어가야 합니다. 나아가서 새 사람으로 살아가는 삶에는 장애물도 많기에, 지속적인 말씀 묵상과 성령의 도우심이 필요합니다. '옛사람에서 새 사람으로'의 여정은 오늘 우리의 삶 속에서 실제로 이루어가야 하는 거룩한 변혁의 길입니다. "내가 이르노니 너희는 성령을 따라 행하라 그리하면 육체의 욕심을 이루지 아니하리라"(갈 5:16).

1. 십자가에 못 박힌 옛 자아(Old Self)

'옛 사람에서 새 사람으로'가 9과의 제목입니다. 이것은 옛 자아가 십자가에 못 박힘으로써 우리 안의 죄 된 성향이 한결 누그러지면서 새로운 삶이 시작되었음을 가리킵니다. 옛사람은 이기심과 분노와 지나친 경쟁의식 같은 것들에 지배를 받던 나의 이전의 상태를 가리킵니다. 십자가에서 예수님께서 우리의 죄를 짊어지고 돌아가셨을 때, 우리의 옛 습관과 죄 된 욕망도 함께 십자가에 못 박혀서 힘을 잃게 되었습니다.

하지만 우리는 십자가에 못 박힌 옛 자아가 언제든지 고개를 들고 다시 자기를 드러내려고 하는 성향을 가졌음을 알아야 합니다. 그렇기에 옛 자아에게 틈을 주지 않아야 합니다. 조금이라도 틈을 주면, 옛 자아가 나에게 영향력을 행사합니다. 그렇게 되면 그에게서 예수 믿기 이전의 모습들('부정적인 모습들')이 나올 수밖에 없습니다.

신자는 그 옛사람을 벗어 버리고, 예수님이 주시는 새 생명으로 살아가는 사람입니다. 옛사람을 훌훌 털어버리고, 성령의 인도하심에 따라서 삶의 자리에서 새 사람에 걸맞는 신앙적 가치들을 구현해야 합니다. 바울은 고린도전서 15장에서 이러한 삶을 은유적으로 '날마다 죽는 삶'이라고 얘기합니다. "형제들아 내가 그리스도 예수 우리 주 안에서 가진 바 너희에 대한 나의 자랑을 두고 단언하노니 나는 날마다 죽노라"(고전 15:31). 신자는 옛 자아와 새 자아 사이에서 날마다 영적 전쟁을 치르는 사람입니다.

옛 사람이 십자가에 못 박혔다는 것이 무엇을 의미하나요?
① 죄 된 성향이 약해지고 새로운 삶이 시작되었음을 의미한다.
② 예수님과 완전히 동일한 삶을 살게 되었음을 의미한다.
③ 과거의 기억이 완전히 사라졌음을 의미한다.
④ 육체적인 고통이 줄어들었음을 의미한다.
⑤ 세상과 모든 관계가 끊어졌음을 의미한다.

2. 자아 성찰(Self-Reflection)

신자에게 자아 성찰은 하나님 앞에서 나의 마음과 생각을 비추어 보는 영적 거울과도 같습니다. 자아 성찰은 자기반성과는 다른 것으로서, 성령의 조명 아래서 나를 돌아보는 영적 훈련입니다. 이 돌아봄의 과정 후에 나의 죄와 연약함을 발견하고, 그것을 주님께 내어놓습니다. 신자는 날마다 자신의 생각과 감정과 행동과 선택을 점검하면서, 이것이 복음에 합당한지를 질문할 줄 아는 사람이어야 합니다(빌 1:27). 자아 성찰을 통해서 신자는 하나님께서 보시기에 무엇이 선한 것인지를, 무엇이 하나님께서 기뻐하시는 것인지를, 하나님의 온전하신 뜻이 무엇인지를 분별하면서 올바른 것을 선택하게 됩니다(롬 12:2). 신자에게 '자아 성찰'은 '신앙인다운 선택'으로 이어집니다.

또한 자아 성찰은 회개로 이어지면서, 신자를 하나님 앞에 정직하게 서도록 이끕니다. 성숙한 믿음으로 나아감에 있어서, 신자는 자기 자신을 속이지 않으며, 자신의 부족함을 주님께 아뢰고 도움을 구하는 겸손한 태도를 지닙니다. "자기의 죄를 숨기는 자는 형통하지 못하나 죄를 자복하고 버리는 자는 불쌍히 여김을 받으리라"(잠 28:13). 이처럼 자아 성찰은 신자가 성숙한 믿음에 이르고, 날마다 거룩함으로 나아가는 데 필수적인 과정입니다. "너희는 믿음 안에 있는가 너희 자신을 시험하고 너희 자신을 확증하라 예수 그리스도께서 너희 안에 계신 줄을 너희가 스스로 알지 못하느냐 그렇지 않으면 너희는 버림받은 자니라"(고후 13:5).

단순한 '자기반성'과 '성령 안에서의 자아 성찰'이 어떤 점에서 다른가요?

① 자기반성은 스스로의 기준에 따른 돌아봄이지만, 자아 성찰은 성령의 조명 아래 하나님의 기준으로 자신을 돌아보는 것이다.

② 자기반성은 주로 감정 해소에 그치지만, 자아 성찰은 회개와 변화로 이어진다.

③ 자기반성은 자신의 과거의 행동만을 평가하지만, 자아 성찰은 현재와 미래의 선택까지를 살핀다.

④ 자기반성은 자신을 위로하는 데에 초점을 두지만, 자아 성찰은 하나님이 기뻐하시는 삶을 목표로 한다.

⑤ 자기반성은 비교적 즉흥적이지만, 자아 성찰은 말씀과 기도 속에서

3. 옛 습관 버리기(to Put Off Old Habits)

신자가 새 사람으로 살아감에 있어서 잘못된 옛 습관을 버리는 것이 중요합니다. 구원을 받았음에도, 여전히 옛 자아의 영향력 아래 있던 습관들이 신자에게 남아 있습니다. 이러한 신자의 불완전한 영적 실존을 정확하게 들여다보면서, 바울은 에베소서 4장에서 이렇게 권면합니다. "너희는 유혹의 욕심을 따라 썩어져 가는 구습을 따르는 옛사람을 벗어 버리라"(엡 4:22). 잘못된 옛 습관들은 신자의 생각과 말과 행동과 다른 이들과의 관계 등, 신자의 삶에서 다양하게 나타날 수 있습니다. 이것들은 복음의 능력을 무력화시키는 걸림돌이 됩니다. 그렇기에 신자는 마음의 태도와 동기 그리고 행동과 행동의 결과까지, 모든 것들을 새롭게 바꾸어 내야 합니다(롬 12:2).

옛 습관을 버리는 것은 단번에 이룰 수 있는 일은 아니며, 날마다 자기를 부인하고 예수님을 따르는 훈련의 과정을 통해서 이루어집니다. 잘못된 옛 습관을 버리고 새 사람답게 살아갈 때, 신자는 세상 가운데서 그리스도의 향기를 드러내는 증인으로 설 수 있습니다. "우리는 구원 받는 자들에게나 망하는 자들에게나 하나님 앞에서 그리스도의 향기니"(고후 2:15). 이렇게 살아가는 신자는 점점 더 그리스도의 형상을 닮아가며, 세상 가운데서 하나님의 영광을 드러내는 데에 으뜸이 됩니다.

함께 나누어요 ❸

옛 습관이 신자의 삶에서 복음의 능력을 약화시키는 이유가 무엇인가요?

① 옛 습관이 신자의 생각과 말과 행동과 관계 등 삶 전반에 부정적 영향을 주기 때문이다.

② 주변 사람들이 그 습관을 탐탁치 않게 생각하기 때문이다.

4. 습관의 재구성(to Reconstruct Habits)

습관의 재구성은 옛사람에게서 흘러나오는 부정적인 반응을 멈추고 새 사람다운 반응을 선택하는 연습입니다. 아침에 일어나자마자 스마트폰을 확인하던 습관 대신, 성경 말씀을 먼저 읽는 작은 변화를 시도해 보시기 바랍니다. 구체적이고 반복적인 변화가 쌓이면서 옛사람의 습관이 점차 무너지고 새 사람의 습관이 자리 잡게 됩니다. 습관을 재구성하는 것은 신자에게 유익한 영적 루틴을 만들어가는 과정입니다.

어떠한 습관을 새롭게 재구성해야 할까요? 먼저 신자는 하나님 중심으로 생각하고 사고하려고 하는 습관을 길러야 합니다. 나의 판단과 결정을 하나님께서 기뻐하실까를 묻는 것이 습관이 된다면, 그의 신앙 여정은 한층 진지한 여정이 될 것입니다. 다른 이에게서 겸손하게 배우려는 마음의 자세도 신자가 습득해야 하는 바람직한 습관입니다. 신자는 꾸준하게 듣고 배우면서 나를 만들어가는 사람입니다. 그리고 다른 사람의 의견을 경청하면서 들으려고 하는 태도도 신자가 습득해야 하는 유익한 습관입니다. 경청의 태도가 관계를 낳고, 쌓아진 관계 속에서 나의 삶을 풍성하게 가꿔갈 수 있을 것입니다.

습관이 재구성될 때 우리의 정체성과 신분도 견고해집니다. 습관의 재구성은 새 사람으로 살아감에 있어서 반드시 필요한 기초 작업입니다.

함께 나누어요 ❹

5. 죄의 유혹 멀리하기(to Resist Temptation)

신자의 일상에 욕심과 분노와 거짓말과 음란 등, 다양한 유혹들이 자리를 잡고 있습니다. 유혹 자체가 죄는 아니지만, 거기에 머물러서 헤어나오지 못할 때 옛사람이 다시금 살아납니다. 유혹은 약점을 파고드는 성향을 가졌기 때문에, 신자는 자신이 취약한 영역이 무엇인지를 정확하게 인식하고 경계해야 합니다. 마귀는 우리가 방심하는 틈을 타서, 죄에 대한 욕망을 부추기며 유혹에 넘어가는 것을 정당화하게 만듭니다. 유혹이 마음에 들어올 때 즉시 거절하지 않으면, 그 생각이 점점 자라나서 죄로 귀결됩니다. "14 오직 각 사람이 시험을 받는 것은 자기 욕심에 끌려 미혹됨이니 15 욕심이 잉태한즉 죄를 낳고 죄가 장성한즉 사망을 낳느니라"(약 1:14-15).

신자가 죄의 유혹을 멀리하는 것은 유혹의 자리를 피하고 환경을 정결하게 정비하는 살아있는 지혜입니다. 다윗이 목욕하는 밧세바를 본 후에 신속하게 그 자리를 떠났다면, 죄에 빠지지 않았을 것입니다. 다윗을 보면서 우리는 '신자의 삶이 죄의 유혹 앞에서 무력하게 머물러 있지 않고, 적극적으로 거룩을 추구하는 삶인 것'을 알게 됩니다. 신자가 죄의 유혹을 어떻게 멀리할 수 있을까요? 주님의 도우심을 구하는 데 길이 있습니다. 내가 유혹에 취약하다는 것을 인정하고 주님의 도우심을 구하면서, 유혹을 단호하게 뿌리치는 결단력을 행사해야 합니다. 그럴 때 그때그때마다 직면하는 유혹을 극복할 수 있습니다. 주님의 도우심과 결단력으로 죄의 유혹을 물리칠 때마다 하나님께 감사의 찬양을 드리면서, 나의 변화를 자축해 보시기 바랍니다. 죄의 유혹을 멀리할수록 '새 사람됨의 기쁨' 또한 더욱 커져 갈 것입니다.

6. 새 사람으로의 삶(New Creation)

새 사람으로 살아간다는 것은 더 이상 옛사람의 방식대로 살지 않고 그리스도 안에서 주어진 새로운 신분에 따라서 살아가는 것을 의미합니다. 이 삶은 매일 아침 하나님의 말씀을 묵상하며 주님의 뜻을 깨닫는 조용한 자리에서 시작이 됩니다. 말씀은 나의 하루를 이끌어 줄 영적 나침반으로서, 신자로 하여금 일상 속에서의 선택과 태도를 바르게 하도록 합니다.

일상의 작은 순간들 속에서도 새 사람은 선한 반응을 선택합니다. 예를 들어 이웃에게 웃으면서 따뜻한 인사를 건넨다면, 그것이 변화된 새 사람의 삶입니다. 직장이나 가정에서 화가 치밀어 오를 때 즉시 반응하기보다는, 그 자리에서 잠시라도 짧게 기도하면서 마음을 다스리는 것도 새 사람다운 태도입니다.

새 사람은 말에서도 변화가 생겨납니다. 거짓과 험담이 아니라 진실한 말과 겸손한 태도로 대화하면서 말로 상대를 세워줍니다. 충동에 따라서 과도하게 소비하지 않으며, 절제와 나눔을 실천하는 것도 새 사람이 가져야 하는 태도입니다. 감사하는 습관도 새 사람의 영적 기초가 됩니다. 감사 노트를 준비해서 매일 감사한 일을 한 가지 이상 적어 보시기 바랍니다. 감사가 마음을 밝히는 등불이 돼서, 나의 삶을 풍성하게 해 줄 것입니다.

새 사람의 삶은 혼자서 이루어지지 않습니다. 함께 예배하고 교제하는 신앙 공동체 안에서 다른 지체들과의 격려와 나눔을 통해서 새 사람의 삶이 견고해집니다. 이렇게 작은 변화들이 쌓일 때, 점점 더 옛사람의 어둠을 벗어날 수 있습니다. 신앙인들은 빛 가운데서 듬직하게 살아가면서 새 사람의 삶을 완성해 가는 사람들입니다.

새 사람의 삶이 시작되는 중요한 자리가 어디입니까?
① 직장에서 회식하는 자리
② 하나님의 말씀을 묵상하는 자리
③ 쇼핑을 계획하는 자리
④ 여행을 준비하는 자리
⑤ 운동하는 자리

7. 새로운 삶의 장애물과 극복(Obstacles and Overcoming)

새 사람으로 새롭게 살아가는 삶에 여러 장애물들이 있습니다. 가장 큰 장애물은 우리 안에 여전히 남아 있는 옛사람의 습관이며, 또한 세상의 유혹과 환경적인 어려움도 걸림돌이 됩니다. 부정적인 말과 비난과 세상의 조롱 같은 외부 환경의 압력도 커다란 장애물입니다. 육체의 욕구와 정욕이 불쑥 고개를 내미는 순간도 마찬가집니다. 피곤하거나 바쁜 일상 속에서 정신없이 살아가는 것도 신자의 신앙생활을 흐트러뜨립니다. 갑작스럽게 의심과 두려움이 찾아와서 나의 믿음을 흔드는 상황도 새 사람의 삶의 장애물입니다.

이러한 장애물들을 극복하기 위해서는 나의 일상에 의지적으로 규칙적인 예배 참석과 성경 읽기와 기도의 루틴을 세워야 합니다. 하나님의 약속의 말씀을 암송하면서 그분의 신실하심을 붙드는 훈련도 필요합니다. 소그룹이나 제자훈련 공동체에서 영적 동역자를 만드는 지혜도 장애물을 극복하는데 필요한 방안입니다.

새 사람의 삶은 혼자의 힘으로 완성되기 어렵습니다. 성령의 도우심과 신앙 공동체의 격려가 동반될 때, 여러 장애물을 극복할 수 있습니다. 새 사람의 삶은 하나님의 은혜에 의지할 때 가능하며, 그 은혜가 신자를 날마다 새롭게 변화시킵니다. 신자는 장애물을 극복하면서, 믿음으로 한 걸음씩 나아가며 그리스도의 성품을 닮아가는 사람입니다.

> **함께 나누어요 ❼**
>
> 새 사람의 삶을 방해하는 가장 큰 장애물이 무엇입니까?
> ① 건강 문제
> ② 재정 부족
> ③ 옛사람의 습관
> ④ 날씨 변화
> ⑤ 언어 장벽

> **함께 나누어요 ❽**
>
> 신앙생활에 있어서 '습관'이 어떠한 중요성을 가질까요?

지금까지 "옛 사람에서 새 사람으로"라는 주제로 성경 공부를 하였습니다. 성경 공부를 통해서 깨달은 점이나 마음에 남은 은혜나 새롭게 얻은 통찰을 간단하게 적어 보시기 바랍니다. 이 기록이 앞으로 하나님과 함께 걸어갈 믿음의 여정을 새롭게 준비하는 소중한 흔적이 될 것입니다.

예시

성경 공부를 통해서 '옛 사람을 벗고 새 사람을 입는다'는 말씀이 일상의 구체적인 변화로 이어져야 함을 깊이 깨달았습니다. 나도 모르게 움켜쥐고 있던 옛 습관들과 유혹들을 돌아보면서, 자아 성찰과 성령의 도우심이 얼마나 중요한지를 느꼈습니다. 앞으로 말씀과 기도 가운데 새 사람다운 삶을 선택하면서, 날마다 주님 안에서 변화되어 갈 것을 다짐해 봅니다.

성경 공부를 통해서 얻은 통찰 메모하기

3부

기듭남과
영생

10과. 영생

10과. 영생

1. 영생이 예수 그리스도를 믿는 순간부터 시작되는 현재적 생명임을 알게 한다.
2. 영생의 성취가 믿음과 사랑과 소망의 열매를 통해 나타남을 이해하도록 한다.
3. 영생이 신자의 일상 속에서 구체적으로 체험됨을 인식케 한다.
4. 영생을 풍성히 누리기 위해 일상을 묵상하는 습관이 필요함을 깨닫도록 한다.

영생은 하나님께서 신자에게 약속하신 기독교 신앙의 핵심 가치입니다. 성경은 영생이 예수 그리스도를 믿는 순간 '이미' 시작되었으며, 지금 이 땅에서 누릴 수 있는 현재적 삶인 것을 강조합니다. 이 영생은 단순히 생명의 연장을 가리키지 않습니다. '하나님과의 관계 속에서 누리는 본질적인 생명!' 이것이 영생입니다. 영생은 믿음으로 시작되며, 사랑으로 실현되고, 소망으로 완성되는 여정을 통해서 더욱 풍성해집니다. 영생은 지금 이 땅에서부터 경험되는 하나님의 선물이며, 영원을 향한 삶의 지향점이기도 합니다. "11 또 증거는 이것이니 하나님이 우리에게 영생을 주신 것과 이 생명이 그의 아들 안에 있는 그것이라 12 아들이 있는 자에게는 생명이 있고 하나님의 아들이 없는 자에게는 생명이 없느니라"(요일 5:11-12).

1. 영생이 무엇인가?(Eternal Life)

영생은 단순히 죽지 않고 영원히 사는 것을 의미하지 않습니다. 성경이 말하는 영생은 거듭난 신자가 하나님과 영원히 친밀하게 동행하는 삶을 가리킵니다. 예수님께서는 "나는 생명의 떡이라 내게 오는 자는 결코 주리지 아니할 것"이라고 말씀하셨습니다(요 6:35). 신자는 오직 예수 그리스도 안에서만 영생을 소유할 수 있습니다. 예수님을 믿고 거듭난 자는 그 순간부터 하나님을 아버지로 부르며, 말씀과 기도 가운데 살아 계신 하나님과 인격적인 교제를 누리게 됩니다. 하나님과의 인격적인 교제가 영생의 본질입니다. 예수님은 이 영생의 본질을 다음과 같이 말씀하셨습니다. "영생은 곧 유일하신 참 하나님과 그가 보내신 자 예수 그리스도를 아는 것이니이다"(요 17:3).

영생은 단지 죽은 후 얻게 되는 천국의 상급만을 가리키지 않습니다. 영생은 '현재적 선물'이기도 합니다. '지금'이라는 시간 속에서 성령 안에서 누리는 기쁨과 평안이 영생입니다. 말씀을 묵상하고 찬양을 드리며 주님의 임재를 누릴 때, 신자는 영생의 깊은 생명에 점점 더 뿌리를 내리게 됩니다. 영생은 우리의 노력이나 공로로 얻는 것이 아닙니다. 오직 예수 그리스도의 십자가 은혜로 주어지는 선물입니다(엡 2:8). 그 은혜를 믿음으로 받아들일 때, 신앙인들은 영생을 소유한 존재로 살아가게 됩니다. 영생을 소유한 자는 고난에 직면할 때도 '하나님이 나와 함께 하신다'는 확신을 가지고 소망을 붙잡습니다. 죽음과 고통도, 실패와 두려움도, 신자에게서 영생을 뺏을 수 없습니다(롬 8:38-39).

영생을 누리는 삶은 하나님을 사랑하고 이웃을 섬기는 열매로 나타납니다. 진정한 영생의 증거는 사랑과 섬김의 삶, 그리고 복음의 증인으로 살아가는 삶으로 나타납니다. 신앙인들은 '이미' 이 땅에서 영생을 살고 있는 사람들입니다.

함께 나누어요 ❶

신자가 영생을 언제부터 누리게 되나요?
① 성경 전체를 다 읽은 이후에
② 죽음 이후 천국에서만
③ 교회에 등록한 이후에

④ 예수님을 믿고 영접한 순간부터
⑤ 모든 문제에서 완전히 벗어난 이후에

2. 이미 시작된 영생(Already Begun Eternal Life)

반복하건대, 영생은 죽음 이후에 시작되는 것이 아닙니다. 성경은 신자가 예수 그리스도를 믿는 순간부터 영생이 시작된다고 가르칩니다. 예수님께서 "내가 곧 부활이요 생명이니"(요 11:25)라고 선포하신 말씀은 영생이 '지금' 그리스도와의 관계 안에서 현실이 될 수 있는 삶임을 보여줍니다. 이런 점에서 볼 때 영생은 단지 시간의 길이가 아니라, 하나님과의 친밀한 관계의 질을 의미한다고 볼 수 있습니다.

지금 이 순간 신자가 하나님과 살아 숨 쉬는 교제를 나누고 있다면, 그것이 곧 영생의 증거입니다. 말씀을 묵상하고 기도 가운데 하나님께 마음을 열며 동행하는 삶도 지금 누리고 있는 영생의 실제적인 모습입니다. 신자가 경험하는 기쁨과 평안과 감사와 회복과 사랑과 용서도 영생이 단지 개념이 아니라 실제로 살아 움직이고 있음을 보여주는 일상의 증거입니다.

작은 일에 '하나님이 나와 함께 하신다'는 믿음으로 신실하게 임하는 것도 이미 하늘의 생명이 내 삶 안으로 흘러들고 있다는 분명한 표징입니다. 특별한 상황이 아니더라도, 평범한 하루 가운데서 하나님을 인식하면서 신자답게 살아가는 것도 신자가 이미 시작된 영생의 삶을 살아가고 있음을 보여주는 증거입니다.

영생은 지금 이 순간 삶 속에서 그리스도를 닮아가면서 누리는 생명입니다. 이 생명은 고난이나 유혹, 피로함 속에서도 '하나님이 나와 함께하시며 나를 붙드시고 계신다'는 확신으로 이어집니다. 신자는 '지금'이라는 시간과 '여기'라는 공간에서 '이미 시작된 하나님 나라의 삶'을 살고 있는 사람입니다. 지금 이 자리에서 영생을 누리고 살아가는 사람입니다. 영생은 머나먼 미래에 대한 약속이기 이전에, 오늘 하루를 주님 안에서 살아내는 삶의 실제입니다.

이미 시작된 영생의 핵심 의미가 무엇입니까?
① 끝없는 시간의 길이
② 하나님과의 친밀한 동행
③ 종교 행사 참여 횟수
④ 신앙 경력의 길이
⑤ 특별한 은사 소유 여부

요즘 나는 '영생을 누리고 있다'는 것을 언제 실감하나요?
① 말씀 묵상 중에 하나님의 음성이 마음에 와닿을 때
② 작은 기도에도 응답하시는 하나님의 손길을 느낄 때
③ 평범한 일상 속에서도 감사와 기쁨이 끊이지 않을 때
④ 유혹이나 고난 속에서도 마음에 흔들리지 않는 평안이 있을 때
⑤ 아직 자주 흔들릴 때가 많지만, 그래도 다시 하나님께 나아가는 나
　　자신을 볼 때

3. 영생의 성취와 '믿음'의 관계(Fulfillment of Eternal Life and 'Faith')

이미 시작된 영생은 '성취'('완성')를 향해서 나아가는 '점진적인 성격'을 지닙니다. 신자는 예수 그리스도를 믿는 순간부터 영생을 소유하는데, 이 영생은 믿음의 여정을 통해서 점점 더 성취를 향해서 나아갑니다. 바울이 말한 것처럼 '믿음에서 믿음으로' 살아가는 과정에서(롬 1:17) 영생은 신자의 삶

속에 더 분명한 실제로 드러납니다.

영생의 성취는 '견고하게 자라가는 믿음'과 깊은 연관이 있습니다. 하나님 말씀을 날마다 묵상하고 그 약속을 마음에 새기면서, 신자의 믿음은 굳건한 반석 위에 세워집니다. 하나님은 그 말씀을 통해서 그의 영혼을 붙들고 미래의 소망을 선명하게 보여주십니다. 또한 기도를 하면서 하나님과 교제가 깊어질수록 신자의 믿음이 깊이 있는 믿음으로 성장합니다. 신앙공동체 안에서의 교제 역시 믿음을 자라게 하는 중요한 통로입니다. 예배와 성경 공부와 소그룹 교제와 섬김의 자리에서 성도들은 서로를 격려하면서 함께 믿음을 세워갑니다. 공동체 속에서 함께 하는 믿음으로 발전해갑니다.

믿음이 깊어가는 만큼 영생의 성취도 깊어집니다. 삶의 어려움 속에서 시련과 고난을 믿음으로 이겨낼 때, 그 자리는 영생의 성취를 더욱 갈망하고 붙드는 믿음의 훈련장이 됩니다. 이러한 지속적인 믿음의 성장이 신자의 영생의 성취를 향한 발걸음을 견고하게 합니다. 영생의 성취는 단숨에 도달하는 결승점이 아니라, 하나님의 은혜 아래 믿음으로 반응하며 하루하루를 살아내는 신자의 여정 속에서 '점진적으로', 그러면서도 '확실하게' 다가오는 하나님의 약속의 성취입니다.

함께 나누어요 ❹

다음 중 '영생의 성취'와 가장 깊이 연결된 것은 무엇인가요?
① 헌금 액수
② 종교 행사 참여 횟수
③ 신앙 경력의 길이
④ 견고하게 자라가는 믿음
⑤ 무분별한 은사의 활용

함께 나누어요 ❺

4. 영생의 성취와 '사랑'의 관계(Fulfillment of Eternal Life and 'Love')

영생을 성취해 나가는 여정에서 '사랑'도 빠질 수 없는 핵심 가치가 됩니다. 성경이 말하는 사랑은 삶의 자리에서 다양하게 드러나는 구체적인 실천입니다. 하나님의 사랑을 받은 신자는 이제 그 사랑을 이웃에게 흘려보내는 삶을 삽니다. 예수님께서는 "여기 내 형제 중에 지극히 작은 자 하나에게 한 것이 곧 내게 한 것이라"고 말씀하시면서(마 25:40), 이웃을 향한 사랑의 실천이 곧 주님을 향한 섬김임을 가르치셨습니다. 우리가 일상 속에서 베푸는 작은 친절과 배려도 영원한 생명의 열매인 사랑으로 자라나서 주님께 드려지는 삶의 열매가 됩니다.

직장과 가정과 교회라는 지금 주어진 삶의 자리에서 누군가에게 관심을 기울이고, 그의 필요를 살피면서 섬기고 돌보는 나의 구체적인 행위 속에 하나님의 사랑이 드러납니다. 이 사랑이 영생의 성취를 향한 나의 여정을 더욱 견고하게 만듭니다. 사랑은 믿음을 더욱 단단하게 하며, 영생의 소망을 더욱 선명하게 비추는 거울과도 같습니다.

누군가를 용서하거나 이해하려는 수고를 감내하면서도, 신자는 그리스도의 사랑을 본받는 자로서 사랑의 승리를 체험하게 됩니다. 이렇게 오늘 이 자리에서 작은 손짓과 말 한마디로 행해지는 사랑의 실천들이 영생의 성취를 향한 신자의 삶을 강화합니다. 따라서 영생을 소망하며 살아가는 자들은 사랑을 행하는 자들이어야 합니다. 신자는 사랑의 실천이 영생의 성취를 향해서 나아가는 거룩한 순례의 길임을 가슴 깊이 새겨야 합니다.

다음 중 '영생의 성취'와 '사랑의 관계'를 가장 잘 설명한 것은 무엇인가요?
① 사랑의 실천이 영생의 성취를 향해서 나아가는 거룩한 순례의 길이다.
② 사랑은 영생과 아무 상관이 없다.
③ 영생은 오직 지식으로만 완성된다.
④ 사랑은 말보다 행동으로 증명되어야 한다.
⑤ 영생은 믿음만으로 충분하다. 신앙인들에게 사랑은 선택 사항이다.

5. 영생의 성취와 '소망'의 관계(Fulfillment of Eternal Life and 'Hope')

이미 말씀드렸듯이 영생은 지금 이 땅에서 믿음의 여정을 걸어가는 중에 점점 성취되어 갑니다. 이 여정 가운데 신자가 반드시 붙잡아야 하는 또 하나의 가치가 '소망'입니다. 소망은 단순히 좋은 일이 일어나기를 기대하는 감정과 차원이 다릅니다. 하나님의 약속을 신뢰하고 미래의 완성을 바라보는 신앙의 자세입니다.

영생을 성취하는 길은 막연히 먼 미래만 바라보는 데에 있지 않습니다. 지금 이 자리에서 소망을 품고 살아가는 것에서 영생이 성취됩니다. 고난과 유혹, 지치고 흔들리는 현실 속에서도 '하나님이 나와 함께하시고 결국 모든 것을 새롭게 하실 것'이라는 소망이 신자의 삶을 견고하게 이끌어 갑니다. 소망은 눈에 보이지 않지만 신자의 내면을 이끄는 등불이며, 영생의 길에서 신자를 흔들리지 않도록 붙잡아 주는 영적 닻입니다. 바울은 "소망이 우리를 부끄럽게 하지 아니함은 성령으로 말미암아 하나님의 사랑이 우리 마음에 부은 바 됨이니"라고 말하면서(롬 5:5), 소망이라는 가치가 결코 헛되지 않음을 강조하고 있습니다.

매일 아침 "오늘도 하나님이 주신 소망 안에서 살겠습니다!" 이 고백을 마음속에 새기고 하루를 시작하시기 바랍니다. 삶에서 마주치는 작은 기쁨과 감사의 순간들을 소망의 씨앗으로 간직할 때, 영생의 성취는 '막연한 이상'이 아니라 '삶의 실제'가 됩니다. 소망을 품은 사람은 현실을 도피하는 사람이 아니라, 현실을 믿음으로 껴안고 의미 있게 살아가는 사람입니다. 영생의 성취는 소망을 품고 오늘을 살아내는 그 자리에서 시작됩니다.

영생의 성취가 시작되는 자리가 어디인가요?
① 소망을 품고 오늘을 살아내는 그 자리
② 내일이 보장되는 순간
③ 모든 어려움이 사라진 때
④ 완벽한 환경이 마련된 후
⑤ 나 대신에 다른 사람이 나를 위해서 기도할 때

6. 영생과 '일상을 묵상하는 습관'(Eternal Life and Habit of Meditation)

영생은 신자의 삶의 자리에서 체험되며 날마다 깊어져 가는 하나님의 생명입니다. 이때 신자가 취해야 하는 중요한 습관이 있습니다. 일상을 묵상하는 습관을 갖는 것입니다. 일상을 묵상한다는 것은 내가 하나님과 얼마나 동행했는지, 그분의 뜻을 어떻게 분별했는지, 성령의 인도하심에 어느 정도까지 민감했는지, 나의 하루의 삶을 돌아보는 것을 가리킵니다.

아침이나 저녁에 시간을 내서 하루를 돌아보면서 하나님께서 나에게 어떤 은혜를 베푸셨는지, 일상에서 내가 어떤 말을 하고 어떤 선택을 했는지를 조용히 돌아보는 시간을 가지시기 바랍니다. 이런 습관이 매일의 삶 속에서 영생을 체험하도록 나를 이끕니다.

일상을 묵상하는 습관은 신자가 하나님과의 관계를 새롭게 점검하는 통로입니다. 이 습관이 깊어질수록 신자는 날마다 완성되어 가는 하나님 나라를 인식하며 살아가게 되고, 영생의 소망을 더욱 분명히 붙잡게 됩니다. 바쁘고 분주한 삶을 살고 있지만, 잠깐이라도 멈춰서서 삶을 돌아보면서 나의 삶을 회고하는 습관을 가지시기 바랍니다. 신앙인들은 일상을 회고하고 묵상하면서 영생을 나의 것으로 취하는 사람들입니다.

함께 나누어요 ❽

다음 중 하루를 회고하고 묵상하는 질문으로 알맞은 것은 무엇입니까?

① 오늘 나는 무엇을 먹었는가?

② 오늘 다른 사람이 나를 얼마나 칭찬했는가?

③ 오늘 나는 하나님과 동행하는 것에 얼마나 마음을 두었는가?

④ 오늘 내가 SNS에 어떤 글을 올렸는가?

⑤ 오늘 나는 어떤 물건을 샀는가?

함께 나누어요 ❾

'영생'의 관점에서 요즘 나는 어떠한 삶의 가치를 가장 소중하게 여기는지를 돌아보시기 바랍니다.

지금까지 "영생"이라는 주제로 성경 공부를 하였습니다. 성경 공부를 통해서 깨달은 점이나 마음에 남은 은혜나 새롭게 얻은 통찰을 간단하게 적어 보시기 바랍니다. 이 기록이 앞으로 하나님과 함께 걸어갈 믿음의 여정을 새롭게 준비하는 소중한 흔적이 될 것입니다.

예시

성경 공부를 통해서 영생이 지금 이 순간 하나님과 관계 속에서 누리는 현재적 삶인 것을 깨달았습니다. 그리고 일상의 작은 순간들이 하나님과 동행하는 믿음 안에서 귀한 의미를 지닌다는 사실에 감사의 마음을 품게 되었습니다. 하루를 묵상하고 돌아보는 습관을 통해서, 주어진 삶 속에서 더욱 깊이 영생을 체험하면서 살아가고 싶습니다.

성경 공부 시리즈 믿음의 나무 1

참고도서

김도훈. 『길 위의 하나님:일상, 생명, 변증의 눈으로 보는 신학』, 조이웍스, 2014.

김동건. 『모든 사람에게:김동건의 신학 이야기』, 대한기독교서회, 2014.

김명용. 『이 시대의 바른 기독교 사상』, 장로회신학대학교출판부,2001.

김명용. 『죽음 이후에는 어떻게 될까?』, 온신학출판사, 2024.

김명용. 『현대의 도전과 오늘의 조직신학』, 장로회신학대학교출판부, 1997.

김지철. 『참회의 기도』, 두란노, 2018.

다니엘 레슬리 밀리오리, 신옥수 역. 『기독교 조직신학 개론:이해를 추구하는 신앙』, 새물결플러스, 2021.

민영진. 『히브리어에서 우리말로』, 도서출판두란노, 1996.

백충현. 『내재적 삼위일체와 경륜적 삼위일체』, 새물결플러스, 2015.

볼프하르트 판넨베르그, 유진열 역. 『인간이란 무엇인가?』, 쿰란출판사, 2013.

스탠리 그렌츠, 신옥수 역. 『조직신학:하나님의 공동체를 위한 신학』, 크리스챤다이제스트, 2003.

신옥수. 『이토록 따스한 성령님』, WPA, 2023.

신현우. 『사본학 이야기:잃어버린 원문을 찾아서』, 웨스트민스터출판부, 2005.

아더 핑크, 임원주 역. 『하나님의 주권』, 도서출판예루살렘, 2004.

안토니 후크마, 류호준 역. 『개혁주의 인간론』, 기독교문서선교회, 1993.

윤철호. 『너희는 나를 누구라 하느냐』, 대한기독교서회, 2003.

윤철호. 『인간:인간의 본성과 운명에 관한 학제간 대화』, 새물결플러스, 2017.

윤철호 외. 『신학과 과학의 만남』, 새물결플러스, 2021.

윤철호 외. 『신학과 과학의 만남 2』, 새물결플러스, 2022.

윤철호 외. 『신학과 과학의 만남 3』, 새물결플러스, 2023.

이안 바버, 김연수 역. 『자연 인간 그리고 하나님:실재에 대한 통전적 앎을 위한 과학과 신학의 연대』, 샘솟는기쁨, 2024.

정성욱. 『스피드 조직신학』, 홍성사, 2006.

최윤배. 『개혁신학 입문』, 장로회신학대학교출판부, 2015.

최윤배. 『조직신학 입문』, 장로회신학대학교출판부, 2013.

최윤배. 『깔뱅신학 입문』, 장로회신학대학교출판부, 2012.

케네스 보아, 이정곤 역. 『하나님, 그것이 알고 싶어요』, 기독교문화사, 1994.

테렌스 니콜스, 김연수 역. 『죽음과 죽음 이후:그리스도인의 위대한 희망, 죽음을 어떻게 대할 것인가?』, 샘솟는기쁨, 2024.

폴 헬름, 이승구 역. 『하나님의 섭리』, IVP, 2009.

피터 젠센, 김재영 역. 『하나님의 계시』, IVP, 2008.

한스 요아힘 크라우스, 박재순 역. 『조직신학:하나님의 나라, 자유의 나라』, 한국신학연구소, 2000.

현요한. 『성령 그 다양한 얼굴』, 장로회신학대학교출판부, 1998.

Dudley C. Gould. 『Science and the Soul』, Paragon House, 1996.

Louis Berkhof. 『Systematic Theology』, Eerdmans Publishing Company, 1996.

Richard Lints. 『Personal Identity in Theological Perspective』, Eerdmans Publishing Company, 2006.

Terrance Tiessen. 『Providence & Prayer』, InterVarsity Press, 2000.

[1과]

1. 모두 답이 될 수 있음

2. 모두 답이 될 수 있음

3. 모두 답이 될 수 있음

4. 모두 답이 될 수 있음

5. 모두 답이 될 수 있음

6. 모두 답이 될 수 있음

7. 모두 답이 될 수 있음

8. 주관식 예시 답변 - "삼위일체 교리를 '설명해야 할 문제'가 아니라 '경외하며 묵상할 신비'로 대하고 싶습니다. 삼위일체 하나님을 전부 다 알 수 없기에, 더 깊이 배우고 묻고 알아가려는 열린 마음을 품으려 합니다."

9. 모두 답이 될 수 있음

[2과]

1. ②

2. ③

3. ③ ④

4. ②

5. ①

6. ②

7. 주관식 예시 답변 - "성경이 중심이 되면, 사람의 말보다 하나님의 음성을 더 귀하게 듣게 될 것 같습니다. 나의 신앙생활의 기준과 위로, 책망과 소망을 모두 말씀 안에서 찾도록 하겠습니다."

[3과]

1. ①

2. ① ② ③

3. ①

4. 모두 답이 될 수 있음

5. 모두 답이 될 수 있음

6. ①

7. ①

8. 모두 답이 될 수 있음

9. 주관식 예시 답변 - "예전에는 예배를 드린 후에 금방 일상으로 돌아가 예배의 감격을 잊어버렸지만, 지금은 예배에서 받은 은혜를 한 주간 삶 속으로 연결하려고 노력합니다. 주일 예배가 '끝'이 아니라 '출발점'이라는 생각이 점점 더 커지고 있습니다."

[4과]

1. ①

2. ②

3. ① ③

4. ①

5. ① ② ④ ⑤

6. ① ④

7. ①

8. 모두 답이 될 수 있음

9. ①

10. 주관식 예시 답변 - "예전에는 급할 때만 하나님을 찾았는데, 이제는 일상 중에 짧게 짧게 하나님께 말을 거는 습관으로 바뀌고 있습니다. 이 과정을 통해서 하나님이 멀리 계신 분이 아니라, 내 곁에 늘 함께하시는 분임을 조금씩 더 느끼고 있습니다."

[5과]

1. ① ② ③ ④

2. 하나님의 형상으로 지음 받았다는 정체성을 가슴에 품고 살면, 교회에서는 비교와 판단을 줄이고 서로를 존중하며 기쁨으로 섬기게 됩니다. 직장에서는 내 일의 가치를 하나님 앞에서 순간 순간 기억하면서 성실과 정직으로

책임 있게 일하려는 마음이 커집니다. 가정에서는 말과 태도를 살피면서 가족들을 사랑으로 대합니다. 학교나 삶의 현장에서는 실수와 실패가 와도 쉽게 무너지지 않고, 하나님 안에서 다시 일어설 힘과 담대함을 얻게 됩니다. '하나님의 형상'이라는 정체성은 '나는 소중한 존재이니 내 옆의 사람도 소중하다'는 시선을 주어, 일상의 선택과 관계를 조금씩 바꾸어 놓습니다.

3. ①

4. 모두 답이 될 수 있음

5. ①

6. 모두 답이 될 수 있음

7. ①

8. ①

9. 모두 답이 될 수 있음

10. ① ④ ⑤

11. 주관식 예시 답변 - "제 연약함과 죄성이 또다시 드러날 때, 스스로 실망하면서도 결국 하나님의 은혜만이 나를 다시 세울 수 있음을 고백하게 됩니다. 그때마다 하나님께서 포기하지 않으시는 사랑으로 나를 붙들고 계심을 느낍니다."

[6과]

1. ⑤

2. 모두 답이 될 수 있음

3. 모두 답이 될 수 있음

4. 모두 답이 될 수 있음

5. 모두 답이 될 수 있음

6. ⑤(다른 것들도 답이 될 수 있음)

7. 모두 답이 될 수 있음

8. ①

[7과]

1. ① ⑤

2. 모두 답이 될 수 있음

3. ①

4. ① ② ③

5. ① ② ③ ⑤

6. 모두 답이 될 수 있음

7. ① ④

8. 나의 믿음을 점검하는 시간

[8과]

1. ④

2. ③ ④ ⑤

3. 모두 답이 될 수 있음

4. ② ③

5. ① ⑤

6. ③

7. ①

8. ⑤

9. 주관식 예시 답변 - "영원한 소망을 품고 살면, 일상의 평범한 순간들을 하나님 나라를 향해 나아가는 '준비 과정'처럼 느낍니다. 가정과 일터에서의 작은 선택 하나까지도 주님 앞에 드릴 예물이라고 생각하게 됩니다."

[9과]

1. ①

2. 모두 답이 될 수 있음

3. ①

4. ④

5. ⑤

6. ②

7. ③

8. 주관식 예시 답변 - "처음에는 억지로 시작한 습관이라도 시간이 지나면 내 믿음의 '체질'을 바꾸는 힘을 갖는 것 같습니다. 작은 순종의 습관들이 모여서 하나님과의 관계를 깊게 만들어 줍니다."

[10과]

1. ④

2. ②

3. 모두 답이 될 수 있음

4. ④

5. 모두 답이 될 수 있음

6. ①

7. ①

8. ③

9. 주관식 예시 답변 - "영생의 관점에서, 요즘은 가족과 이웃과의 사랑의 관계를 가장 소중하게 여깁니다. 영원하신 하나님을 믿기에 오늘 한 사람에게 더 친절하고 따뜻하게 대하는 작은 사랑이 헛되지 않다고 믿습니다."